Biomecânica:
aspectos históricos e conceituais

EDITORA
intersaberes

O selo DIALÓGICA da Editora InterSaberes faz referência às publicações que privilegiam uma linguagem na qual o autor dialoga com o leitor por meio de recursos textuais e visuais, o que torna o conteúdo muito mais dinâmico. São livros que criam um ambiente de interação com o leitor – seu universo cultural, social e de elaboração de conhecimentos –, possibilitando um real processo de interlocução para que a comunicação se efetive.

Biomecânica:
aspectos históricos e conceituais

Ricardo Martins de Souza

Rua Clara Vendramin, 58 • Mossunguê • CEP 81200-170 • Curitiba • PR • Brasil
Fone: (41) 2106-4170 • www.intersaberes.com • editora@editoraintersaberes.com.br

Conselho editorial
Dr. Ivo José Both (presidente)
Dra. Elena Godoy
Dr. Nelson Luís Dias
Dr. Neri dos Santos
Dr. Ulf Gregor Baranow

Editora-chefe
Lindsay Azambuja

Supervisora editorial
Ariadne Nunes Wenger

Analista editorial
Ariel Martins

Preparação de originais
Gustavo Ayres Scheffer

Edição de texto
Tiago Krelling Marinaska
Arte e Texto Edição e Revisão de Textos

Capa
Laís Galvão dos Santos (*design*)
UfaBizPhoto/Shutterstock (imagem)

Projeto gráfico
Luana Machado Amaro

Diagramação
LAB Prodigital

Equipe de *design*
Luana Machado Amaro
Laís Galvão dos Santos
Charles L. da Silva

Iconografia
Celia Kikue Suzuki

Dados Internacionais de Catalogação na Publicação (CIP)
(Câmara Brasileira do Livro, SP, Brasil)

Souza, Ricardo Martins de
  Biomecânica: aspectos históricos e conceituais/Ricardo Martins de Souza. Curitiba: InterSaberes, 2018. (Série Corpo em Movimento)

  Bibliografia.
  ISBN 978-85-5972-770-8

  1. Biomecânica 2. Educação física 3. Exercícios físicos 4. História 5. Locomoção humana 6. Mecânica humana 7. Sistema musculoesquelético – Fisiologia I. Título. II. Série.

18-16682   CDD-612.76

Índices para catálogo sistemático:
1. Corpo humano: Bases biomecânicas: Fisiologia humana: Ciências médicas 612.76
Iolanda Rodrigues Biode – Bibliotecária – CRB-8/10014

1ª edição, 2018.

Foi feito o depósito legal.

Informamos que é de inteira responsabilidade do autor a emissão de conceitos

Nenhuma parte desta publicação poderá ser reproduzida por qualquer meio ou forma sem a prévia autorização da Editora InterSaberes.

A violação dos direitos autorais é crime estabelecido na Lei n. 9.610/1998 e punido pelo art. 184 do Código Penal.

Sumário

Apresentação • 7
Organização didático-pedagógica • 9

Capítulo 1
Biomecânica: aspectos históricos e conceituais • 13
1.1 Origens e desenvolvimento da biomecânica • 16
1.2 Áreas de atuação da biomecânica • 25
1.3 Análises qualitativas e quantitativas • 29
1.4 Aplicabilidade da biomecânica
no exercício e no esporte • 40
1.5 Cautela e limitações nas análises biomecânicas • 41

Capítulo 2
Biomecânica do tecido muscular esquelético • 51
2.1 Morfologia e tipos de contrações musculares • 54
2.2 Características mecânicas do tecido muscular • 65
2.3 Respostas musculares ao treinamento resistido • 76
2.4 Respostas musculares ao exercício de alongamento • 86
2.5 Outros aspectos mecânicos do tecido muscular • 88

Capítulo 3
Biomecânica dos tecidos ósseo e conjuntivo • 101
3.1 Tipos de tecido ósseo e suas funções • 104
3.2 Tecido ósseo e estresse mecânico • 108

3.3 Crescimento e remodelação óssea • 111
3.4 Biomecânica do tecido conjuntivo • 115
3.5 Articulações, alavancas e mobilidade articular • 119

Capítulo 4   *133*

4   Controle muscular • 133
4.1 Despolarização e repolarização de membranas • 136
4.2 Unidades motoras e tipos de fibras musculares • 141
4.3 Especificidade dos ganhos de força muscular • 142
4.4 Avaliação do controle muscular: eletromiografia • 144
4.5 Eletromiografia no exercício:
    vantagens e cuidados • 146

Capítulo 5
Forças, controle postural e equilíbrio • 159

5.1 Cinética básica • 162
5.2 Dinamometria: avaliação das forças musculares • 166
5.3 Equilíbrio dinâmico e forças de reação do solo • 170
5.4 Avaliação qualitativa e quantitativa do equilíbrio • 178
5.5 Postura, equilíbrio, treinamento
    e envelhecimento • 189

Capítulo 6
Análise do movimento humano • 197

6.1 Cinemática básica • 200
6.2 Sistemas de análise cinemática • 204
6.3 Acelerometria • 208
6.4 Cinemática e avaliação de movimentos lineares • 212
6.5 Cinemática e avaliação de movimentos angulares • 214

Considerações finais • 223
Referências • 225
Bibliografia comentada • 233
Respostas • 235
Sobre o autor • 241

Apresentação

O livro *Biomecânica: aspectos históricos e conceituais* tem como principal finalidade discutir, de uma forma simples e clara, conceitos básicos da biomecânica e associá-los à prática do professor de Educação Física – seja voltada à saúde, seja com enfoque em desempenho. Ao contrário de outras obras que iniciam suas discussões sobre aspectos anatômicos e cinesiológicos, aqui buscamos, inicialmente, no Capítulo 1, apresentar todo o desenvolvimento dessa área da ciência, para que você compreenda que os conceitos apresentados já estão sendo discutidos há centenas, senão milhares de anos.

No Capítulo 2, apresentamos a aplicação de vários desses conceitos no estudo do tecido muscular, demonstrando como ele reage à imposição de cargas e como essa dinâmica pode determinar a forma de prescrição dos exercícios. No Capítulo 3, discutimos a organização de todo o tecido ósseo e as funções e características de funcionamento do nosso esqueleto. Ademais, tivemos o cuidado de apresentar brevemente, nesse mesmo capítulo, as diferenças entre as estruturas de tecido conjuntivo e como se explica a capacidade desse tecido de suportar estresses tão distintos, dependendo do ponto onde ele é encontrado.

Tratamos, no Capítulo 4, do controle motor e da importância de se compreender com clareza a forma como os impulsos elétricos advindos do córtex motor se propagam e definem as ações musculares voluntárias. Encerramos este capítulo apresentando os dispositivos de análise da ativação muscular, como o eletromiógrafo.

Em seguida, passamos a um novo enfoque do livro, com uma discussão que vai além de aspectos conceituais, concentrando-se nas ferramentas de análise. Como exemplo, no Capítulo 5, o assunto é a produção e a avaliação das forças, sejam musculares, produzidas internamente, sejam forças de reação do solo (FRS), geradas pela interação do indivíduo com o meio. Especialmente sobre estas últimas, destacamos seu papel na análise do equilíbrio estático e dinâmico, bem como certas informações que nos permitem analisar essa capacidade de controle.

Finalizamos o livro tratando dos sistemas de análise de movimento – a cinemática –, apresentando desde simples dispositivos utilizados, como aplicativos de celular, até sistemas complexos e elaborados de análise por infravermelho. Ao longo de todo o texto desta obra, tentamos explicar os conceitos de forma simples e direta, sem que isso comprometa a qualidade da informação. Muitas das explanações feitas sobre termos e conceitos da biomecânica são fruto da longa experiência do autor na área. Esperamos que seu estudo seja uma experiência transformadora. Boa leitura.

Organização didático-pedagógica

Esta seção tem a finalidade de apresentar os recursos de aprendizagem utilizados no decorrer da obra, de modo a evidenciar os aspectos didático-pedagógicos que nortearam o planejamento do material e como o aluno/leitor pode tirar o melhor proveito dos conteúdos para seu aprendizado.

Introdução do capítulo

Logo na abertura do capítulo, você é informado a respeito dos conteúdos que nele serão abordados, bem como dos objetivos que o autor pretende alcançar.

Síntese

Você conta, nesta seção, com um recurso que o instigará a fazer uma reflexão sobre os conteúdos estudados, de modo a contribuir para que as conclusões a que você chegou sejam reafirmadas ou redefinidas.

Atividades de autoavaliação

Com estas questões objetivas, você tem a oportunidade de verificar o grau de assimilação dos conceitos examinados, motivando-se a progredir em seus estudos e a se preparar para outras atividades avaliativas.

Atividades de aprendizagem

Aqui você dispõe de questões cujo objetivo é levá-lo a analisar criticamente determinado assunto e aproximar conhecimentos teóricos e práticos.

Bibliografia comentada

Nesta seção, você encontra comentários acerca de algumas obras de referência para o estudo dos temas examinados.

A **biomecânica** é uma área de conhecimento que ganhou apenas recentemente um espaço dentro dos conteúdos para a formação do profissional de Educação Física. Todavia, isso não significa que seus conceitos só foram criados na atualidade. Ela se baseia em uma série de conceitos teóricos que se desenvolveram ao longo de centenas (e, em alguns casos, de milhares) de anos, em experimentos que começaram sem muita relação com o movimento humano, bem como se fundamenta em pesquisas advindas de inúmeras áreas. Hoje, porém, é uma ciência de suma importância, fundamental para a compreensão de movimentos importantes em atividades diárias, laborais e esportivas. A biomecânica vem ganhando cada vez mais espaço na educação física, principalmente por fornecer ferramental necessário para explicar e solucionar problemas relacionados ao movimento que eram incompreensíveis há muito tempo.

Sendo assim, neste primeiro capítulo, pretendemos demonstrar como diversos pesquisadores e pensadores contribuíram para o desenvolvimento daquilo que conhecemos hoje como **biomecânica** e, assim, mostrar sua abrangente área de estudo.

1.1 Origens e desenvolvimento da biomecânica

O termo *biomecânica* combina o prefixo *bio-* (vida) com o termo *mecânica*, que diz respeito à área que estuda as ações das forças e suas interações com os objetos. A comunidade internacional, nos anos 1970, começou a utilizar o termo *biomecânica* para descrever a ciência que envolvia os aspectos mecânicos de organismos vivos (Hall, 2016).

A biomecânica, na condição de ciência dentro da educação física, é relativamente recente e, ao questionar profissionais formados no Brasil há pouco mais de uma década, você irá perceber que essa disciplina sequer fazia parte da grade curricular. Alguns conceitos que competem à biomecânica eram tratados em outras disciplinas, como a ideia de torques e alavancas, que era estudada na Cinesiologia. Com o passar do tempo e com a popularização de equipamentos e procedimentos para aquisição de dados, ficou muito mais simples trabalhar com a biomecânica no ambiente acadêmico da graduação, e não mais apenas nos ambientes laboratorial e de pós-graduação (principalmente em cursos de mestrado e doutorado).

Entretanto, não significa que os conceitos dos quais a biomecânica se apropria são novos. Na verdade, por ser uma ciência bastante abrangente, a área desenvolveu-se ao longo de milhares de anos, utilizando conhecimento de diversas áreas e compilando-o de modo a ser aplicado aos seres vivos – e, especificamente no nosso caso, ao ser humano.

Desde o desenvolvimento das ideias de Pitágoras (cerca de 580 a.c.) e as relações do triângulo retângulo, passando pelo início da racionalidade científica proposta por Hipócrates (460-370 a.C.), todos os conceitos criados nesses períodos foram absorvidos pela biomecânica, assim como por outras ciências. A aplicação direta deles é fundamental para o desenvolvimento do raciocínio nas avaliações e análises.

Já Aristóteles (384-322 a.c.), considerado o pai da cinesiologia, foi o responsável por fornecer as primeiras descrições científicas das funções e das ações musculares, dos ossos e do movimento como um todo. Foram importantes seus estudos sobre a locomoção – primeiramente, dos animais – e sua preocupação em relatar que a vida poderia ser descrita de forma mecânica (Braun, 1941). Herófilo (cerca de 300 a.C.), médico grego, é tido como o primeiro anatomista da história e o primeiro a basear suas conclusões na dissecação de cadáveres. Junto com Erasístrato (cerca de 280 a.c.), ele fundou a aclamada Escola de Medicina de Alexandria, que, durante muito tempo, formou a base da anatomia que conhecemos, auxiliando no avanço do conhecimento da biomecânica na medida em que os referenciais anatômicos são importantes tanto para a cinemática quanto para a cinética, duas áreas da ciência alvo desta obra e que serão discutidas com profundidade nos capítulos subsequentes.

Por ser uma ciência bastante abrangente, a Biomecânica foi se desenvolvendo ao longo de milhares de anos, utilizando conhecimento de diversas áreas.

Arquimedes (287-212 a.C.) desenvolveu a ideia da função e da utilidade das alavancas, as quais explicam hoje como ossos e articulações permitem movimentos econômicos e eficientes. É creditada a ele a famosa frase "dá-me um ponto de apoio que levantarei o mundo", referindo-se ao conceito de que, com uma alavanca e um ponto de apoio adequado, qualquer massa poderia ser movida. O físico e matemático desenvolveu também os conceitos iniciais da hidrostática, os quais são hoje a base para o estudo de movimentos no meio aquático – por exemplo, a natação. Segundo o princípio de Arquimedes, um corpo submergido em um meio líquido (como um nadador mergulhando em uma piscina) receberá uma força igual em magnitude ao peso da água que foi movida com o respectivo movimento. Quanto maior a área corporal do indivíduo, mais água será movida e mais força será recebida (McLester; Pierre, 2008).

Galeno (129-201 d.C.) foi o primeiro médico dedicado ao esporte. Ele passou quatro anos realizando práticas médicas e nutricionais com gladiadores e foi autor de mais de 600 tratados médicos com informações sobre o corpo humano e seu movimento. O estudioso foi um dos primeiros a propor que os músculos são contráteis ao estudar a estrutura muscular e definir os conceitos de músculos **agonistas** e **antagonistas**, ações musculares e tipos de contração. Ressaltou também o importante papel dos nervos nas propriedades musculares.

Leonardo da Vinci (1452-1519) foi um importante estudioso das mais diversas áreas e, por esse motivo, não é estranho ele ter contribuído também para o desenvolvimento da biomecânica. Entre suas contribuições estão o desenvolvimento da mecânica e do paralelogramo de forças, bem como o estudo das forças de atrito e de reação. Também realizou inúmeras análises da mecânica das estruturas anatômicas e descreveu mecanicamente o corpo na posição ereta, na marcha e na elevação a partir da posição sentada. Seus estudos sempre se destacaram por associar a ciência com a arte, principalmente em representações artísticas de estruturas anatômicas (Vilela Júnior, 1996).

Andreas Vesalius (1514-1564) viabilizou o desenvolvimento da anatomia pela possibilidade de dissecar cadáveres de criminosos. Foi um dos primeiros estudiosos a questionar os achados de Galeno, os quais perduravam por mais de 1300 anos, pois se utilizavam apenas de deduções baseadas em modelos animais.

Vesalius observou que o músculo se encurtava durante as contrações, que recebia ramos arteriais, além de venosos e nervosos, e que ligamentos e tendões se envolviam ao tecido muscular, presos às suas fibras.

Galileu Galilei (1564-1642) é considerado um dos pais da biomecânica em razão de sua ampla contribuição no desenvolvimento de inúmeros conceitos aplicados às análises cinemáticas (movimentos) e cinéticas (forças). O pensador florentino analisou biomecanicamente o salto humano, a marcha de cavalos e insetos, assim como o mínimo movimento que permitia um corpo boiar. Desenvolveu a balança hidrostática, a teoria do movimento uniforme, a teoria dos projéteis, a teoria do plano inclinado e a definição de momento ou torque, conceitos que, no futuro, possibilitaram o desenvolvimento da mecânica newtoniana.

William Harvey (1578-1657) é considerado o primeiro biomecânico do coração em razão de sua grande dedicação aos estudos sobre a ação muscular do miocárdio. Curiosamente, ele acabou vindo a falecer em razão de um infarto. René Descartes (1596-1650) desenvolveu o sistema de coordenadas cartesianas, além de ser o primeiro a realizar uma análise matemática de uma onda mecânica (Vilela Júnior, 1996).

Giovanni Alfonso Borelli (1608-1679) é considerado outro grande contribuinte da biomecânica. O estudioso procurava integrar os conhecimentos de fisiologia e da física para descrever, por meio de métodos geométricos, os movimentos humanos complexos, como o salto, a corrida, o voo e o nado. Discutiu também a influência da direção das fibras musculares na produção da força muscular, assim como a mecânica da contração e a razão da fadiga e da dor. Sua série de ensaios, intitulada *De Motu Animalium* (o "movimento dos animais", em tradução livre), começou a levantar importantes questões a respeito de como o movimento é iniciado e realizado (Maquet, 1989).

Figura 1.1 Capa do ensaio *De Motu Animalium*, escrito por Giovanni Alfonso Borelli

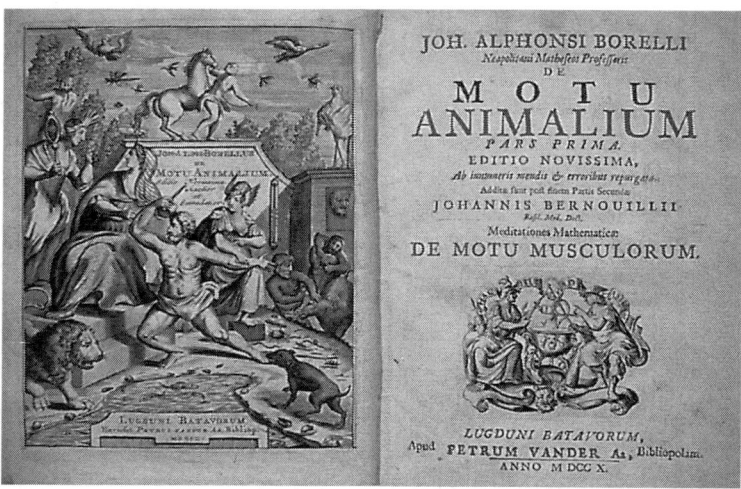

Isaac Newton (1643-1727) sintetizou a mecânica por meio de suas leis, baseando-se nos conceitos iniciados por Kepler, Galileu e Descartes. A segunda lei de Newton proporcionou a ferramenta básica para a análise da cinética e cinemática do movimento e foi fundamental para o desenvolvimento de todos os sistemas de análise. Além da segunda lei (a da aceleração), a lei da inércia (primeira) e a lei da ação e reação (terceira) foram importantes para o desenvolvimento de inúmeras ciências modernas. Também é creditada a Newton a formulação da lei da gravidade, apesar de estudiosos bem mais antigos terem estabelecido os conceitos básicos para sua fundamentação.

Além de todos esses famosos pesquisadores e estudiosos contribuírem para a consolidação das bases biomecânicas, outros menos conhecidos também deram seus préstimos em áreas específicas para seu desenvolvimento. Entre eles, podemos citar Jean

Le Rond D'Alembert (1717-1783), que ajudou no desenvolvimento da biomecânica e de aplicações de seus princípios para a cinética, e Nicholas Andre (1658-1742), criador do termo ortopedia em 1741 – o pensador acreditava que o desequilíbrio muscular criava as deformidades esqueléticas.

Além desses, podemos destacar ainda Luigi Galvani (1737-1798), um dos primeiros estudiosos na área da neurologia, considerado por muitos o pai desse campo científico. Galvani aplicou conceitos da eletricidade nos tecidos vivos, observando a dissipação das ondas elétricas nos nervos e nos músculos. Ernst Weber (1795-1878) e Wilhelm Weber (1804-1891) foram os primeiros a aplicar a utilização de fotos tiradas em um intervalo regular de tempo (cronofotografia) para estudar a marcha humana. Além disso, aplicaram sobre esses dados conceitos fundamentados nas leis mecânicas para analisar detalhes sobre o mecanismo da ação muscular e o comportamento do centro de gravidade (Vilela Júnior, 1996).

Étienne-Jules Marey (1830-1904) foi pioneiro no desenvolvimento de técnicas de cinematografia, as quais permitiram medir o movimento a partir da aquisição de imagens em movimento. Desenvolveu também instrumentos e equipamentos que pudessem auxiliar a análise de movimentos com base em filmes capturados. Ele foi um dos precursores na utilização de métodos gráficos e fotográficos aplicados à pesquisa biológica e realizou diversas pesquisas quantificando a locomoção, tanto a animal quanto a humana, como podemos ver na figura a seguir, na qual uma luz estroboscópica e um filme fotográfico foram utilizados para registrar os diversos instantes de uma caminhada.

Figura 1.2 Registro do movimento da marcha humana realizado com uso de luz estroboscópica

Eadweard Muybridge (1830-1904) realizou diversos estudo sobre a locomoção de cavalos e, juntamente com Étienne-Jules Marey, analisou pássaros e a marcha humana. Uma das suas pesquisas mais famosas, desenvolvida na Universidade da Pensilvânia, envolveu uma aposta na qual se duvidou que, durante um trote, o cavalo pudesse ficar, em algum instante, com todas as patas fora do chão. Montando diversas câmeras ao longo de uma pista de corrida, as quais eram disparadas conforme o cavalo se locomovia, Muybridge comprovou que existe, sim, um momento em que o animal fica completamente no ar (National Museum of American History, 2018). Observe um exemplo desenvolvido em um dispositivo criado por Thomas Eakins, com base no modelo proposto por Muybridge.

Figura 1.3 Dispositivo eletrônico desenvolvido por Thomas Eakins (com base no modelo de Muybridge) para registro de movimento e imagem registrada por tal dispositivo

Christian Wilhelm Braune (1831-1892) e Otto Fischer (1861-1917) foram os primeiros a realizar uma análise tridimensional da marcha humana. A dupla também realizou análises do centro de gravidade e do momento de inércia do corpo e de todas as suas partes. Os centros de gravidade foram determinados por meio de cadáveres congelados.

Braune e Fischer desenvolveram um dispositivo para análise tridimensional do movimento humano. Ainda, alguns pesquisadores começaram a realizar contribuições para a elaboração de procedimentos e equipamentos que, hoje, são comumente utilizados em análises biomecânicas, como Du Bors Reymond (1818-1896), que investigou a eletricidade na contração muscular e foi um dos pioneiros no desenvolvimento da eletromiografia. Igualmente podemos citar Guillaume Duchenne (1806-1875), que também utilizou eletrodos colados sobre a pele para analisar a ação dos músculos superficiais em indivíduos normais e outros com algum tipo de deficiência.

Na área da biomecânica do tecido ósseo, Andrew Still (1828-1917) estudou doenças ósseas e como as forças mecânicas se dissipam no tecido ósseo. Já Johann Friedrich Breithaupt (1791-1873) investigou os mecanismos geradores de fratura por estresse; Richard von Volkmann (1830-1889) estudou os efeitos da pressão no crescimento e na maturação do tecido ósseo; e Julius Wolff (1836-1902) desenvolveu a base para o entendimento da adaptação óssea ao estresse mecânico. Segundo Wolff, as alterações na forma e na função de um osso são seguidas de alterações definitivas em sua arquitetura interna e de uma mudança secundária, a qual também é definitiva em sua forma externa, sendo que essas alterações verificadas estão em conformidade com as leis matemáticas.

Nikolai Bernstein (1896-1966) desenvolveu métodos de medição do movimento fundamentado na análise cinemática, analisou a coordenação e o controle do movimento em humanos, as sinergias musculares (ações de músculos diferentes com uma finalidade comum) para controlar esse movimento e desenvolveu teorias para tentar explicar os problemas dos graus de liberdade, contribuindo para os estudos que investigam o controle e a coordenação dos movimentos. Archibald Vivian Hill (1886-1977) estudou a produção de calor gerada pelo músculo ativo e seu consumo de oxigênio; Herbert Elftman (1902-1988) desenvolveu plataformas de força para calcular as forças de reação do solo e o centro de gravidade abaixo do pé durante a marcha, enquanto Andrew Fielding Huxley (1917-2012) e Hugh Esmor Huxley (1924-2013) desenvolveram a teoria das pontes cruzadas, a qual explica como o sarcômero[1] se comporta durante a contração e como os filamentos deslizam uns sobre os outros, gerando o encurtamento muscular.

Desse modo, podemos concluir que, apesar de a disciplina de Biomecânica ter sido incluída de forma relativamente recente na grade curricular dos cursos de Educação Física de todo o Brasil, seus conceitos e suas aplicações são antigos e muito úteis às mais diversas áreas da ciência. O desafio do profissional da educação física está em conseguir associar tais conceitos à prática profissional e às suas ações diárias nos campos da educação, do treinamento ou da atividade física e da saúde. Os capítulos a seguir ajudarão você a realizar tais tipos de associação e a aplicar essas teorias com maior facilidade.

1.2 Áreas de atuação da biomecânica

A biomecânica é uma ciência muito ampla, que acaba por se apropriar de conceitos de diversas áreas para poder desenvolver seu raciocínio. Todas essas áreas, de alguma forma, estão interligadas e, portanto, é necessário que você compreenda a biomecânica como um todo para que suas análises tenham real sentido.

---

[1] O sarcômero consiste em unidades básicas de repetição entre duas linhas Z e engloba a unidade funcional de uma fibra muscular (McArdle; Katch; Katch, 2016).

A imagem a seguir (Figura 1.4) resume, de forma clara e direta, todas essas áreas de atuação da biomecânica.

Figura 1.4 Organização da biomecânica

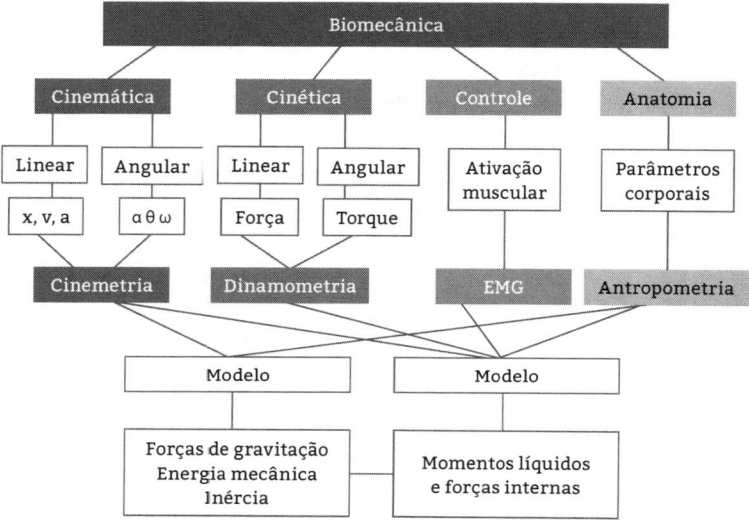

A imagem mostra um organograma estrutural de como está organizada a biomecânica, com suas diferentes áreas e sua metodologia de avaliação de diferentes aspectos do movimento humano. Com base nessas informações, podemos concluir que a biomecânica pode ser dividida em quatro grandes áreas: **cinemática**, **cinética**, **controle** e **anatomia**. Cada uma delas observa aspectos diferentes do movimento humano e, para tal, utiliza metodologias distintas, como a antropometria, a eletromiografia, a dinamometria e a cinemetria, respectivamente.

Cada uma dessas áreas, bem como seus respectivos instrumentos e procedimentos de avaliação, fornece informações que são úteis em diferentes aplicações. A **cinética** consegue avaliar, por meio da dinamometria, quais são as forças geradas em razão das ações motoras realizadas, as quais podem ser internas ou externas, dependendo do tipo de informação que se deseja. Por estarem diretamente ligadas ao movimento executado, as forças que o causaram tiveram influência nas repercussões no fenômeno analisado (Amadio; Serrão, 2007). Internamente, com base em uma série de informações e cálculos matemáticos, é possível determinar quais são as forças e os torques articulares em cada uma das articulações envolvidas no movimento. Essas forças podem ser determinadas de forma tridimensional, o que nos dá uma qualidade e uma precisão enormes para a realização de inferências sobre o assunto.

Isso ainda permite, por exemplo, determinar se, durante um salto vertical – como aquele em que um jogador de vôlei realiza durante um bloqueio –, a articulação que mais contribui para a impulsão é o quadril, o joelho ou o tornozelo. Podemos diagnosticar, num posto de trabalho dentro de uma grande linha de produção de uma empresa, se a postura gera sobrecargas que podem ser prejudiciais ao trabalhador, bem como quais são as adaptações nesse ambiente que podem ser benéficas para a saúde e a produtividade. Além disso, é possível avaliar membros que foram imobilizados em razão de lesões esportivas – como aquela que afeta o ligamento cruzado anterior de jogadores de futebol – e compará-los com o membro saudável, para determinar quando o atleta estará apto a voltar aos gramados. Podemos, com isso, focar o treinamento em aspectos mais relevantes, não apenas utilizar a observação qualitativa para a tomada de decisões.

A **cinemática**, por sua vez, fornece informações sobre os movimentos realizados. A descrição cinemática dos movimentos por meio de técnicas da cinemetria tem sido a estratégia mais utilizada na análise dos parâmetros biomecânicos dos movimentos (Amadio; Serrão, 2007). Deslocamentos, velocidades, acelerações de segmentos e articulações podem ser medidos e, assim, determinar padrões de movimento mais eficientes para os gestos esportivos. Em esportes de velocidade e potência, como provas de 100 metros rasos e de salto com vara, detalhes técnicos absurdamente sutis, como o ângulo de rotação do punho ou a velocidade de extensão do tornozelo, podem determinar a diferença entre o primeiro e o segundo colocado, e esse tipo de informação não consegue ser obtida apenas a olho nu.

Já na área da **anatomia**, avaliações antropométricas podem fornecer informações a respeito da média do tamanho dos segmentos corporais de uma população, como a brasileira. A antropometria pode ser definida como a ciência que estuda os caracteres mensuráveis do corpo humano, particularmente do tamanho, da forma e da composição corporal (Silva et al., 2011). Isso permite que a indústria de vestuário determine quais devem ser as medidas de blusas e calças que mais se adéquam às necessidades dos usuários; que os fabricantes de calçados esportivos determinem os formatos dos tênis; que engenheiros automobilísticos desenvolvam carros mais confortáveis e seguros; que próteses e órteses esportivas sejam confortáveis, além de mais uma série de outras aplicações.

Finalmente, na área de **controle**, a eletromiografia permite avaliar como controlamos nossos músculos e, por consequência, determinar quais são os responsáveis por esse ou aquele movimento. Desde o início do século XX, o sinal eletromiográfico tem sido utilizado para estimar padrões de atividades dos músculos envolvidos – por exemplo, no desempenho da marcha normal e patológica (Ervilha; Duarte; Amadio, 1998).

Esse instrumento permite determinar tanto a coordenação necessária para ações motoras simples de atividades diárias quanto complexos gestos esportivos. No esporte, por exemplo, podemos determinar quando e como um campeão ativa seus músculos para bater um recorde ou avaliar se o atleta mais jovem está utilizando a mesma estratégia – se não estiver, podemos corrigir o problema e aumentar o seu desempenho. Na reabilitação, um membro lesionado pode ser comparado a outro íntegro e, assim, é possível observar seu processo de recuperação e o retorno à funcionalidade. É possível também investigar se diferentes variações de exercícios na musculação são capazes de recrutar mais ou diferentes grupos musculares, fazendo com que a prescrição de exercícios seja mais adequada para aquele propósito.

Além dos esportes, atividades diárias, como um simples caminhar (marcha humana), podem ser investigadas sobre as mais diversas perspectivas, como aquelas que envolvem alterações em razão do processo degenerativo causado pelo envelhecimento. Será que idosos caminham de maneira diferente de jovens? Situações de risco para essa população, como subir e descer uma rampa ou uma escada, podem ser investigadas e melhores estratégias ergonômicas (ângulo e tamanho da rampa, tamanho dos degraus, altura do corrimão etc.) podem ser adotadas para minimizar o risco de acidentes.

Apesar de, aqui, as áreas estarem explicadas de forma separada, é possível (e bastante comum) que mais de uma delas seja explorada de forma simultânea, com processos de avaliação sincronizados oferecendo dados diferentes sobre mais de um aspecto do indivíduo.

Além dos esportes, atividades diárias, como um simples caminhar (marcha humana), podem ser investigadas sobre as mais diversas perspectivas

1.3 Análises qualitativas e quantitativas

É comum associarmos, em geral, análises biomecânicas a procedimentos que envolvem uma série de equipamentos elaborados e de alto custo, os quais conseguem gerar medidas com um alto grau de precisão. Isso não está errado; porém, assumir que análises biomecânicas se limitam a isso é um tanto equivocado. Apesar de ser mais comum utilizar esses tipos de dispositivos na produção de material científico (como artigos, por exemplo), a biomecânica pode também ser muito útil quando aplicada de forma mais simples, com sistemas de análise que não utilizam necessariamente equipamentos caríssimos.

É importante distinguirmos quais são os **tipos de análises** possíveis de aplicar, bem como, dentro de análises mais elaboradas, entendermos o que cada um dos principais dispositivos utilizados pode nos fornecer de informações úteis para a tomada de decisões.

A primeira distinção que podemos fazer entre os tipos de avaliações realizadas é aquela que separa análises **qualitativas** das análises **quantitativas**. As primeiras são baseadas em uma forma de observação sistemática do movimento escolhido, envolvem um julgamento introspectivo e exigem que o avaliador tenha um alto grau de entendimento do fenômeno que está sendo observado. Essa avaliação será, então, utilizada para a decisão sobre qual tipo de ação precisa ser tomada para a melhora do desempenho.

1.3.1 Avaliação qualitativa de movimentos

Existem inúmeras formas de se avaliar **qualitativamente** um movimento. Uma das formas de se estudar a flexibilidade de músculos ao redor do quadril – e, especificamente, seus flexores – é a partir de testes em que o indivíduo é posicionado de uma maneira específica. Um desses testes é conhecido como *Teste de Thomas*, pois recebe o nome de seu criador, Hugh Owen Thomas (1834-1891).

Figura 1.5 Teste de Thomas

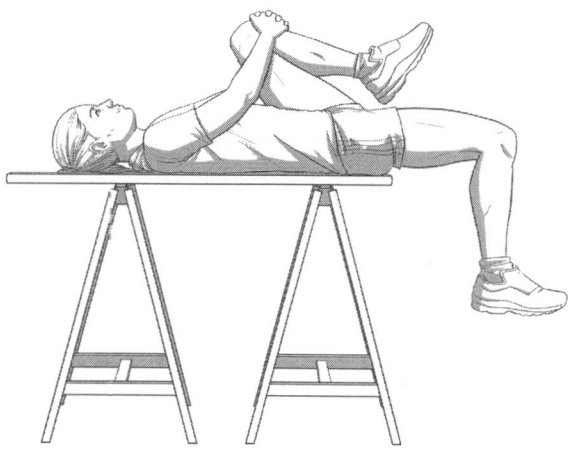

Will Amaro

A imagem traz uma representação do Teste de Thomas. Esse teste realiza uma avaliação de flexibilidade dos músculos flexores do quadril (uni e biarticulares, iliopsoas e reto femoral, respectivamente) mediante uma posição específica, que mensura a capacidade flexível de tais músculos (Harvey, 1998). O indivíduo, inicialmente, é colocado de decúbito dorsal sobre uma mesa, com os membros inferiores para fora do equipamento. Uma das coxas é, então, puxada em direção ao tronco e o quadril é fletido a aproximadamente 125 graus. Nessa posição, duas observações devem ser realizadas: a posição da coxa contralateral em relação a uma linha horizontal imaginária (ou até a própria mesa) e o grau de extensão do joelho. Espera-se que pessoas com um bom nível de flexibilidade nos flexores uniarticulares apresentem um ângulo da coxa em relação à horizontal de aproximadamente 0 grau, e que pessoas com um bom nível de flexibilidade nos flexores biarticulares (reto femoral) apresentem uma flexão do joelho de aproximadamente 100 graus. Percebam que, para a execução completa da avaliação, nenhum tipo de equipamento foi necessário e que os valores são aproximados e definidos a partir da observação do avaliador.

Ainda sobre avaliação de posições estáticas, um dos procedimentos de análise mais populares é o de avaliação da postura e da simetria entre os lados do corpo na posição ortostática (Figura 1.6). Essa avaliação pode ser realizada apenas com o posicionamento do indivíduo em pé e a observação da sua postura natural. Entretanto, é comum a utilização de um quadro quadriculado translúcido, o simetrógrafo, que auxilia o avaliador dando a ele linhas de referência para que o julgamento seja mais preciso (Adams; Cerny, 2018).

Por meio dessas linhas e da observação do indivíduo em várias perspectivas (anterior, posterior, lateral direita e esquerda), é possível identificar diferenças entre os lados, assim como alterações posturais, como aumento ou redução das curvaturas lombares.

Figura 1.6 Avaliação de postura e simetria bilateral com utilização de um simetrógrafo

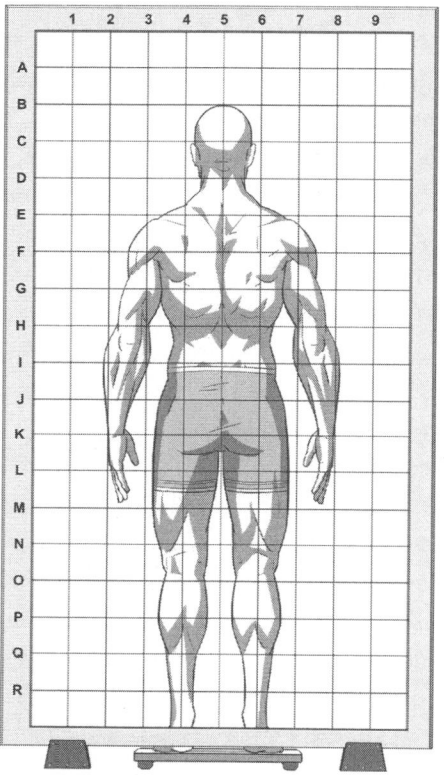

Além da avaliação de posições estáticas como as já exemplificadas, é possível avaliar movimentos dinâmicos de forma qualitativa. Uma das aplicações mais comuns de tal modelo de avaliação é aquela que envolve a observação da marcha humana (caminhada) e da corrida. Uma série de fatores podem ser observados com base em tal avaliação, como a forma de contato do pé com o solo, a inclinação lateral e medial do pé durante o apoio, a flexão e a extensão das articulações dos membros inferiores, a amplitude da passada, a cadência, a estabilidade etc. Todos esses parâmetros recebem avaliações de ordem qualitativa, como "adequado" ou "inadequado", "bom" ou "ruim", "grande" ou "pequeno". Entretanto, a qualidade e a importância de tal tipo de avaliação não devem ser subestimadas, pois ela é capaz de fornecer parâmetros importantes para definir se é necessário ou não realizar intervenções e de que modo isso seria mais adequado.

Por fim, uma das áreas mais úteis de avaliação qualitativa de aspectos biomecânicos é a **sala de musculação**. O conhecimento de conceitos básicos de anatomia, cinesiologia e biomecânica permitem ao avaliador fazer observações a respeito da técnica utilizada para a execução do movimento e definir se aquela forma é a mais adequada do ponto de vista da eficiência e da segurança. Além disso, é possível observar se existem fatores limitando a execução adequada de um determinado movimento, como um indivíduo que não consegue se agachar completamente por falta de flexibilidade ao redor do tornozelo. Com essa observação, o profissional irá indicar a realização de exercícios específicos para corrigir tal limitação (por exemplo, exercícios de alongamento) e, gradativamente, conseguir a execução mais eficiente do movimento.

1.3.2 Avaliação quantitativa de movimentos

Além de inúmeros exemplos de análises qualitativas, existem também várias avaliações que são realizadas de forma **quantitativa**. Estas envolvem a utilização dos mais diferentes tipos de equipamentos e procedimentos. Citamos, a seguir, alguns deles e quais são os parâmetros fornecidos por essas avaliações.

O primeiro dispositivo que pode ser utilizado é aquele que fornece informações sobre a distribuição da pressão plantar (Figura 1.7). Esse dispositivo – que pode ser uma forma de palmilha colocada dentro do calçado, ou uma espécie de tapete – informa, durante uma caminhada, corrida ou numa simples manutenção da postura em pé, quais são as áreas que recebem pressão e qual é a quantidade de pressão em cada uma delas. Essas informações permitem identificar o padrão normal do comportamento ou as anormalidades nesse padrão, bem como desenvolver calçados com aplicabilidades específicas – como desempenho esportivo – ou, então, órteses para correção de problemas ortopédicos.

Figura 1.7 Imagem obtida por equipamento de avaliação da pressão plantar

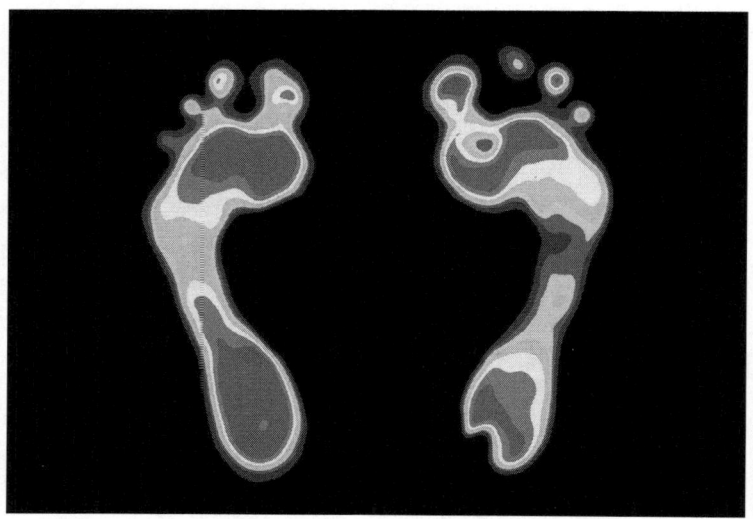

ChooChin/Shutterstock

A imagem destaca uma sobrecarga anormal na face lateral do pé no momento do contato do pé com o solo durante a marcha humana. Isso ocorre em razão de uma anomalia do arco plantar.

Um pouco diferentes dos tapetes para análise de pressão, existem as plataformas para análise de força de reação (Figura 1.8). Essas plataformas são capazes de identificar as forças que interagem entre o indivíduo e sua superfície (confira a direção das setas na figura) e estimar uma série de componentes internos importantes, como as forças e os torques articulares necessários para gerar tal movimento.

Figura 1.8 Avaliação da marcha humana com uso de recurso cinético (gráficos no centro)

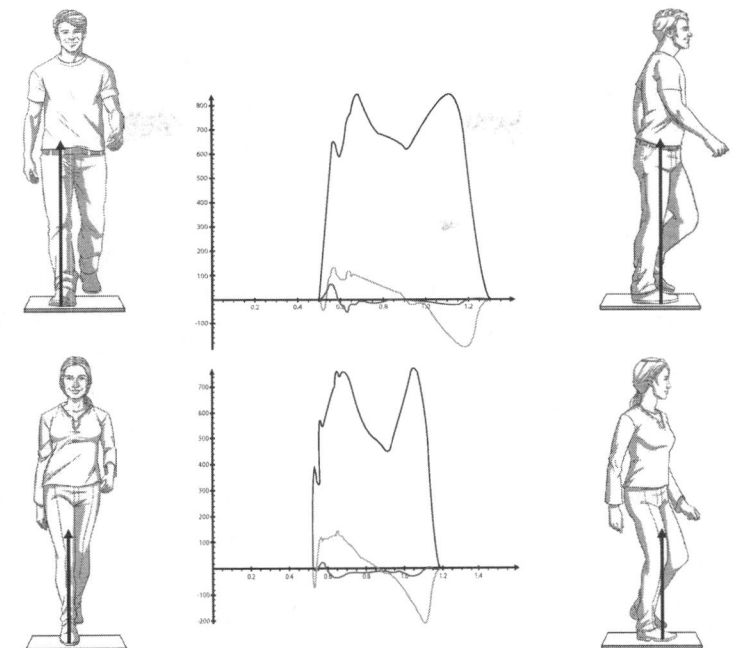

O exemplo mostrado na imagem identifica dois padrões distintos de interação com o piso (forças de reação com o solo).

Outro dispositivo bastante útil e que tem se tornado cada vez mais popular é o acelerômetro (Figura 1.9). São pequenos dispositivos que fornecem dados a respeito da aceleração e que, por serem pequenos e leves, podem ser fixados em todo o corpo, medindo individualmente o movimento de segmentos ou pontos específicos do sujeito.

Essas informações podem identificar os efeitos de mudanças na técnica esportiva, alterações em razão de lesões, influência da reabilitação no retorno à funcionalidade, assimetrias, entre outras tantas informações.

Figura 1.9 Acelerômetros para análise esportiva

A imagem ilustra o posicionamento de múltiplos acelerômetros para avaliações de um movimento esportivo. Apesar de os dispositivos mais precisos ainda serem relativamente caros e só encontrados fora do país, a popularização dos *smartphones*, que possuem acelerômetros no seu interior, e o desenvolvimento de aplicativos específicos para esse fim permitiram que os aparelhos de telefone celular se tornassem poderosos instrumentos de avaliação de uma série de situações diferentes. Movimentos cíclicos, como a caminhada e a corrida, ou mesmos movimentos mais explosivos, como saltos e lançamentos, podem ser avaliados de forma muito precisa e a um custo mínimo, desde que o dispositivo seja bem utilizado.

Um dos equipamentos mais conhecidos para análise biomecânica é, sem dúvida, o **dinamômetro isocinético** (Figura 1.10). Esse dispositivo, apesar de ser de alto custo, fornece informações com alta precisão sobre a força e o torque gerados durante diferentes tipos de contrações de praticamente todas as grandes articulações do nosso corpo. A grande vantagem do dinamômetro isocinético em relação às outras formas de avaliação, além da precisão dos seus dados, é sua altíssima reprodutibilidade.

É possível repetir nele inúmeras avaliações e garantir que todas elas tenham sido realizadas exatamente da mesma forma, já que o dispositivo é controlado, por meio de eletromagnetismo, por um computador que ajusta a velocidade de movimento de acordo com os desejos do avaliador. Com isso, garante-se que, em todas as avaliações realizadas, o movimento realizado será exatamente o mesmo e que as alterações verificadas são em razão da intervenção (treinamento, reabilitação etc.) aplicada ao indivíduo.

Figura 1.10 Avaliação realizada em um dinamômetro isocinético

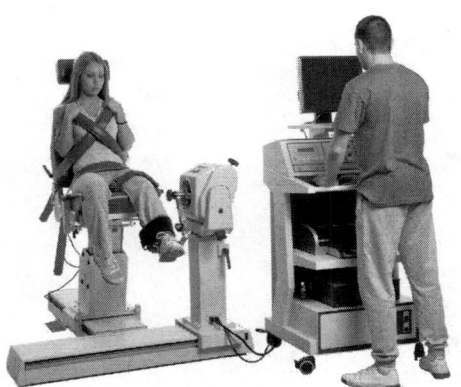

cirkoglu/Shutterstock

A imagem anterior mostra um dinamômetro isocinético (velocidade de movimento constante) utilizado para avaliar os torques ao redor das articulações durante diferentes tipos de ações musculares. Uma aplicação bastante popular desse dispositivo é na avaliação de assimetrias na capacidade de geração de força, principalmente em atletas de esporte mais unilaterais, como o vôlei e o handebol. Sabendo que tais assimetrias, se forem muito grandes, podem levar a desvios posturais e, por consequência, ao aumento da probabilidade de lesões, a utilização de tais técnicas de avaliação pode minimizar – ou mesmo evitar – tais problemas. Assimetrias entre músculos antagonistas também podem ser úteis, como a força entre extensores e flexores do joelho, os quais, em excesso, podem aumentar a probabilidade de lesões nessa articulação.

Outro dispositivo bastante interessante na biomecânica é o **eletromiógrafo**. A avaliação por eletromiografia pode fornecer informações precisas e importantes sobre o grau de ativação dos músculos observados. Eletrodos colados sobre a pele do indivíduo, em pontos específicos, são capazes de medir e registrar o grau de ativação dos músculos (atividade elétrica) e identificar como eles estão sendo ativados ou inibidos para que um determinado movimento seja realizado. Veja a figura a seguir.

Figura 1.11 Avaliação cinemática e eletromiográfica da ação de pedalar

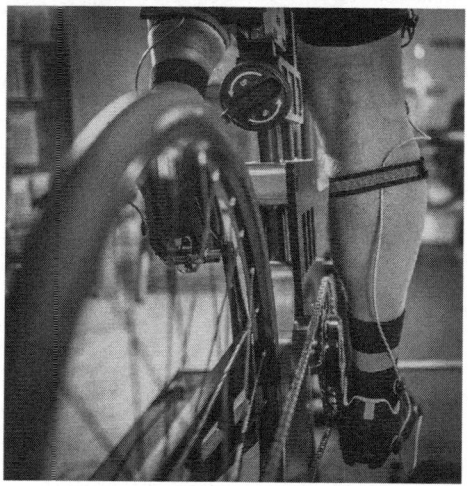

Esses sinais são amplificados e processados e, assim, diferentes aspectos do movimento podem ser analisados, como a coordenação entre os músculos, a velocidade de ativação e a fadiga muscular, entre outros. Por serem dispositivos leves e pequenos, acabam interferindo muito pouco na execução do movimento e praticamente não possuem limitação em sua aplicação. Existe também uma outra técnica de eletromiografia, a qual não utiliza eletrodos colados sobre a pele, mas sim inseridos dentro do tecido muscular, como agulhas metálicas. Essa técnica é conhecida como *eletromiografia de profundidade* ou *invasiva* e já não é tão popular em estudos com movimento humano, pois o desconforto (mesmo com utilização de anestésicos) inviabiliza a avaliação (Konrad, 2005).

Por fim, inúmeros sistemas de análise de movimentos a partir da gravação de imagens em vídeo foram desenvolvidos ao longo dos anos para auxiliar pesquisadores e outros profissionais a obter informações importantes sobre o movimento analisado. Inicialmente eram utilizadas imagens analógicas, projetadas em grandes folhas de papel e, então, mensuradas. Mais recentemente, utilizam-se marcadores que refletem luz infravermelha.

Essas análises cinemáticas são capazes de medir, de forma tridimensional, o movimento que está ocorrendo – e com um grau de precisão muito alto. Hoje são praticamente indispensáveis quando pensamos em pesquisas de movimento humano ou em melhora da técnica esportiva.

Todos os dispositivos anteriormente citados têm uma utilidade prática de grande importância. As informações obtidas podem ser úteis tanto na avaliação de movimentos do dia a dia quanto no refinamento de gestos esportivos. E é sobre essa aplicabilidade que trataremos a seguir.

1.4 Aplicabilidade da biomecânica no exercício e no esporte

Os conceitos biomecânicos discutidos neste livro podem servir para esclarecer duas aplicações dessa área da ciência na prática profissional de nossos leitores.

A **primeira aplicação** se dá de maneira indireta, com a melhor compreensão das metodologias utilizadas em estudos científicos e que podem indicar – mesmo que, às vezes, de forma um pouco distante – quais devem ser as práticas profissionais. Um exemplo é a compreensão sobre o que é eletromiografia (que será discutida no Capítulo 4) e sobre como a intensidade do estímulo elétrico durante um exercício de musculação pode ajudar na montagem de um programa de treinamento mais eficiente. O leitor de tal material deve ter um mínimo de entendimento sobre a metodologia utilizada, bem como seus pontos positivos e suas limitações, para que os resultados encontrados possam ser transferidos para a prática profissional.

Essa capacidade de compreensão permite ao profissional abrir o leque de informações às quais ele pode ter acesso, já que nada adianta ter acesso a livros e artigos científicos se não existe um entendimento daquilo que está escrito neles. No meio acadêmico, esse talvez seja um dos grandes desafios dos professores que trabalham com a formação profissional na educação física: fornecer ferramentas aos alunos que os ajudem a aumentar a compreensão do universo científico em que eles estão envolvidos e, por consequência, conseguir aproveitar tal universo.

Aqui partimos para uma **segunda aplicação** dos conceitos discutidos nesta obra: a aplicação prática da teoria.

Na área da saúde, infelizmente, a quantidade de profissionais que têm condição de compreender conceitos teóricos e, principalmente, transferi-los para condições da vida real é relativamente reduzido. Com o advento da internet, o acesso à informação foi exponencialmente aumentado e, hoje, tornou-se muito fácil conseguir livros e artigos que forneçam informações valiosas sobre os mais diferentes assuntos relativos à prescrição de exercícios.

Mesmo presumindo que o profissional que tem acesso a esse material compreenda seu conteúdo, conseguir transportar as informações do laboratório para o mundo real é algo desafiador.

1.5 Cautela e limitações nas análises biomecânicas

Não se discute a importância das análises biomecânicas no desenvolvimento das ciências em geral – em especial, daquelas presentes na educação física. Compreender como estamos organizados anatomicamente, como controlamos nossos músculos, as forças geradas e os movimentos produzidos é essencial para qualquer profissional que trabalhe com prescrição de exercícios, seja com finalidade educacional, seja de saúde ou de treinamento profissional.

Todavia, não devemos esquecer que a análise de um movimento ou de um exercício deve ser realizada de forma **multifatorial**. Precisamos observar diversos aspectos importantes envolvidos no movimento, além do contexto no qual aquele exercício está envolvido. Se nos limitarmos a dar à biomecânica a responsabilidade de resolver todas as questões que possam nortear essa prática, então corremos o risco de analisar de forma muito superficial o que está acontecendo.

Não é incomum encontrarmos textos e comentários em redes sociais, ou mesmo realizados pessoalmente, fazendo associações claramente equivocadas entre resultados científicos e aplicações práticas. É possível notar que o profissional procurou se informar, compreendeu a informação, mas fez uma associação muito rasa do conteúdo teórico e a prática profissional.

Um exemplo de tal fato é o grande número de análises biomecânicas qualitativas dos exercícios realizados na sala de musculação. Não é difícil encontrar na internet e em *sites* especializados na divulgação de vídeos professores, profissionais, mestres e até doutores fazendo "videoaulas" sobre análise de movimentos no treinamento resistido. Até aí não existe qualquer problema, e é importante, sim, oferecer tais informações, principalmente se forem de qualidade.

O problema começa quando a decisão da escolha do exercício e a inferência sobre "prováveis" resultados acabam sendo delegadas apenas a tais análises. É como se o que definisse os ganhos e as perdas nos exercícios fosse fundamentado exclusivamente na análise biomecânica. Isso é um erro.

A prática de um exercício qualquer ultrapassa os limites de uma única área e, mesmo que a biomecânica possa oferecer informações importantes sobre eixos, alavancas, segurança e eficiência, ela não discute aspectos fisiológicos e comportamentais da prática da atividade física. Desconsiderar tais fatores pode ser muito arriscado e simplista.

Muitas vezes, mesmo que um exercício não seja executado da maneira mais adequada do ponto de vista da biomecânica (como, por exemplo, com amplitude relativamente reduzida), ele pode sim fornecer estímulos fisiológicos suficientes e eficientes para a hipertrofia muscular.

Não devemos esquecer que a análise de um movimento ou de um exercício deve ser realizada de forma multifatorial. Precisamos observar diversos aspectos importantes envolvidos no movimento.

ⅠⅠⅠ *Síntese*

Com base nos conceitos apresentados neste capítulo, procuramos deixar claro que a biomecânica passou por uma drástica evolução ao longo de seu desenvolvimento. Recursos que, inicialmente, eram bastante simples e mesmo rústicos evoluíram e se tornaram cada vez mais acessíveis ao público em geral. Alguns dispositivos, que anteriormente só eram disponibilizados em laboratórios presentes em grandes centros de estudo, hoje podem ser baixados em celulares, no formato de aplicativos gratuitos.

Outro aspecto importante e que não pode ser desconsiderado é que nem sempre um recurso de análise importante é necessariamente caro e elaborado. Algumas avaliações qualitativas, desenvolvidas ao longo do tempo, têm uma grande utilidade na avaliação e na compreensão do movimento humano. Desse modo, é importante e fundamental conhecer esses conceitos teóricos, os dispositivos de análise e todos os recursos disponíveis e conseguir implantar na prática tais observações. Para isso, é necessária uma visão ampliada da biomecânica e dos aspectos e procedimentos que podem nos fornecer informações relevantes sobre o movimento humano para, assim, interferir na escolha da melhor forma de atuação do profissional da educação física.

Também destacamos os seguintes tópicos:

- A biomecânica nasceu dos conhecimentos desenvolvidos em inúmeras áreas da ciência, que foram gradativamente compilados e inseridos no contexto da formação do profissional da educação física.
- Alguns recursos que nasceram de forma experimental e bem limitada hoje se apresentam como ferramentas elaboradas, por vezes com alto custo de implementação, em razão da alta tecnologia envolvida. Todavia, nem todos os recursos utilizados nessa área da ciência são caros e inacessíveis. Uma das grandes evoluções em análises biomecânicas foi a popularização dos dispositivos, os quais, em alguns aspectos, podem hoje ser utilizados como aplicativos de celulares.
- Além desses dispositivos, que geralmente nos dão informações quantitativas sobre aspectos importantes do

desenvolvimento humano, não podemos desconsiderar a importância das abordagens qualitativas na análise do movimento, sendo que um recurso simples pode ser tão ou até mais útil, em algumas situações, do que aquele dispositivo caro e elaborado.

- Finalmente, é importante não só compreender a utilidade de tais recursos, mas também suas limitações, entendendo que o conhecimento amplo dos procedimentos disponíveis é que irá garantir uma observação correta do fenômeno de interesse.

Atividades de autoavaliação

1. O desenvolvimento da biomecânica aconteceu a partir de conceitos teóricos que foram compilados ao longo de um grande período. Essas teorias que, hoje, fazem parte dos assuntos abordados na disciplina que compõe a grade curricular de capacitação do profissional de Educação Física são de fundamental importância para uma formação completa. Mas o que podemos afirmar a respeito dos estudiosos que desenvolveram tais conceitos? Quem foram eles?

    a) Foram profissionais que, geralmente, eram envolvidos com a prática de exercícios físicos (professores ou profissionais de áreas correlatas) e que, por necessidade de entender melhor a sua atuação profissional, desenvolveram o estudo dentro dessa área da ciência.

    b) Eram profissionais das mais diversas áreas da ciência, muitas vezes sem nenhuma relação direta com o exercício e o esporte, mas que, de alguma forma, foram fundamentais para a formação de conceitos teóricos e procedimentos práticos que ajudaram na compreensão de algum aspecto do movimento humano.

    c) Normalmente eram atletas e ex-atletas que, para melhor compreenderem os aspectos que limitavam seu desempenho esportivo, buscaram recursos e procedimentos de análise que permitissem um entendimento mais adequado do movimento e, por consequência, a possibilidade de evolução.

d) Em geral, esses teóricos eram técnicos e preparadores físicos, assim como terapeutas de diversas áreas que, tendo o objetivo de melhor compreender o movimento humano e, a partir disso, conseguir melhorar seu desempenho ou recuperá-lo, passaram a investigá-lo de uma forma mais direta e sistematizada.

2. A biomecânica é uma área bastante abrangente e que engloba praticamente todos os aspectos relacionados ao movimento humano. Desse modo, se fôssemos correlacionar algumas observações com a área e o procedimento adotado, seria correto afirmar:

a) Caso o objetivo fosse investigar o comportamento dos segmentos e das articulações ao longo de uma corrida de rua, o procedimento utilizado seria a cinemetria, incluída na área da biomecânica conhecida como *cinemática*.

b) Se quiséssemos observar o grau de ativação de músculos envolvidos em uma tarefa diária, optaríamos por realizar uma investigação com recursos de dinamometria, procedimento incluído dentro da área da anatomia humana.

c) A força muscular desenvolvida durante a execução de exercícios de musculação poderia ser facilmente mensurada por avaliações envolvendo a antropometria, técnica de avaliação encontrada na área da biomecânica responsável por estudar o controle muscular.

d) Para desenvolver o melhor calçado para um velocista que disputa a prova de 100 metros rasos, seria necessário conhecer algumas medidas corporais, que seriam provavelmente obtidas utilizando técnicas de eletromiografia, presente na área da biomecânica conhecida como *cinética*.

3. Entre os recursos disponíveis para a investigação do movimento humano, alguns retornam informações discretas e objetivas (quantitativas), enquanto outros permitem observações sobre aspectos mais qualitativos do movimento. Sobre as diferenças entre essas abordagens de observação, é correto afirmar:

   a) As avaliações qualitativas podem ser definidas como simples observações do movimento ou qualquer outro aspecto relacionado ao movimento humano; não carecem de sistematizações e fornecem dados com baixa precisão e relevância sobre o objeto de estudo.

   b) As avaliações quantitativas sempre exigem recursos caros e elaborados, normalmente conseguidos apenas em centros de pesquisas de grandes instituições de ensino, o que limita muito sua aplicabilidade em condições reais de prática e de prescrição de exercícios.

   c) De um modo geral, sempre devemos optar pelas avaliações quantitativas ao invés das qualitativas, pois as primeiras são as que fornecem dados mais precisos e úteis para a investigação do movimento humano.

   d) Não é possível afirmar que as avaliações quantitativas são melhores ou que as qualitativas são superiores; elas são, na verdade, complementares, sendo que para cada tipo de investigação e objeto de observação existe aquela que se apresenta mais adequada.

4. As diferentes análises biomecânicas podem nos fornecer informações importantes sobre vários aspectos do movimento humano, principalmente quando relacionados ao desempenho esportivo. Entretanto, é importante lembrarmos que todo tipo de análise apresenta suas limitações. Sobre esses aspectos, a aplicabilidade da biomecânica no esporte e suas limitações, é correto afirmar:

a) A função básica de se conhecer os conceitos biomecânicos é a de realizar pesquisa; principalmente no esporte, não existe muita aplicação prática e direta dos conceitos aqui abordados, o que restringe a utilização da biomecânica ao espaço laboratorial.

b) Apesar de alguns recursos biomecânicos serem muito úteis na avaliação e na análise de atividades esportivas, alguns deles – como a eletromiografia, por exemplo – já não têm tanta utilidade, pois a compreensão de padrões de ativação muscular não é relevante na análise de movimentos esportivos.

c) Mesmo que apenas uma abordagem seja realizada na investigação que está sendo conduzida (por exemplo, apenas cinética ou apenas cinemática), é importante lembrarmos dos outros aspectos que podem estar envolvidos no movimento, sendo coerente sempre observar o movimento com uma visão global, que não está restrita a uma única forma de análise.

d) Em geral, cada uma das áreas da biomecânica (cinemática, cinética, controle e anatomia), assim como cada um dos seus respectivos procedimentos de análise (cinemetria, dinamometria, eletromiografia e antropometria), mesmo que de forma isolada, já permitem que conclusões definitivas e irrefutáveis sejam obtidas sobre quaisquer aspectos relacionados ao movimento humano.

5. Imaginando que uma análise bastante complexa esteja sendo realizada em um atleta, e que esta envolve equipamentos de dinamometria e eletromiografia, quais dos aspectos a seguir não poderiam ser avaliados ao final desse processo?

a) A capacidade que o indivíduo teria de produzir força muscular no movimento avaliado.

b) O grau de ativação dos músculos envolvidos com o movimento foco da análise.

c) A amplitude e a velocidade do movimento realizado durante o procedimento.

d) Os torques articulares ao redor das articulações utilizadas para gerar o movimento esportivo.

■ Atividades de aprendizagem

Questões para reflexão

1. Com as informações apresentadas neste capítulo, demonstramos que a biomecânica é uma vasta área de conhecimento. Porém, pensando de forma mais simples e direta, na sua prática diária na condição de profissional que trabalha com prescrição de exercícios visando à saúde e à qualidade de vida, como essa ciência poderia ajudar a decidir qual seria a melhor atitude profissional? Como cada uma das áreas de atuação da biomecânica (cinemática, cinética, controle e anatomia) poderia contribuir nesse sentido? Cite exemplos.

2. E se você não trabalhasse com exercício e qualidade de vida, mas com *performance* esportiva? Como as diferentes áreas da biomecânica, em especial as metodologias de avaliação apresentadas (eletromiografia, dinamometria e cinemetria) poderiam ser úteis no seu dia a dia na condição de membro de uma equipe multidisciplinar voltada ao desenvolvimento de atletas? Você pode utilizar como exemplo um esporte específico, aquele com o qual você tem mais afinidade.

Atividade aplicada: prática

1. Entrevista: procure um profissional formado em educação física e que trabalhe na área de prescrição de exercícios. Pode ser um professor de ginástica, de atividades funcionais, ou um professor de sala de musculação ou um *personal trainer*. Peça a ele que cite, pelo menos, cinco informações a respeito da

disciplina de Biomecânica que ele adquiriu ao longo de sua vida profissional, desde a graduação, e que são úteis em sua prática cotidiana. Pergunte a ele sobre a importância dessas informações e como elas acabam influenciando sua atuação profissional.

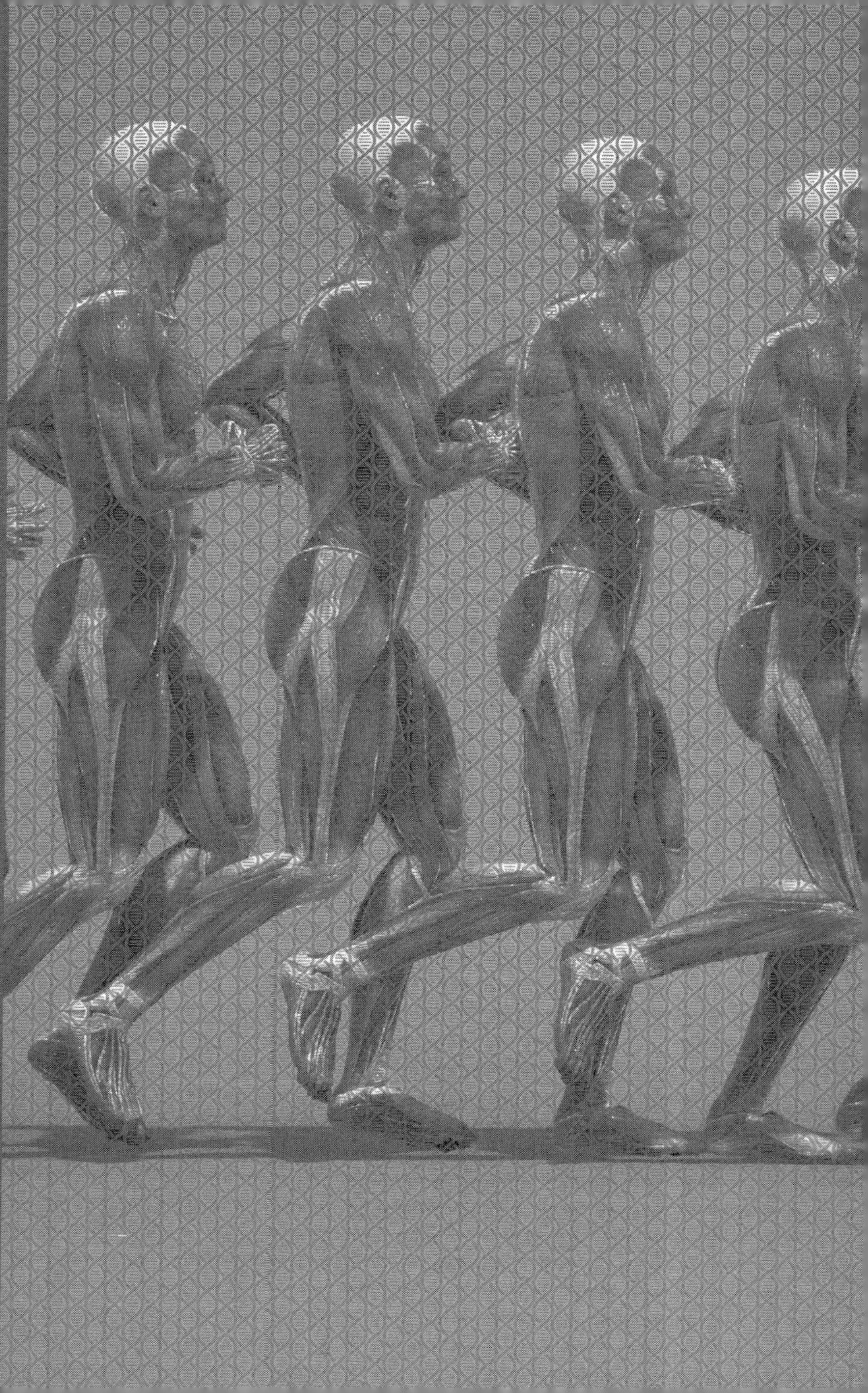

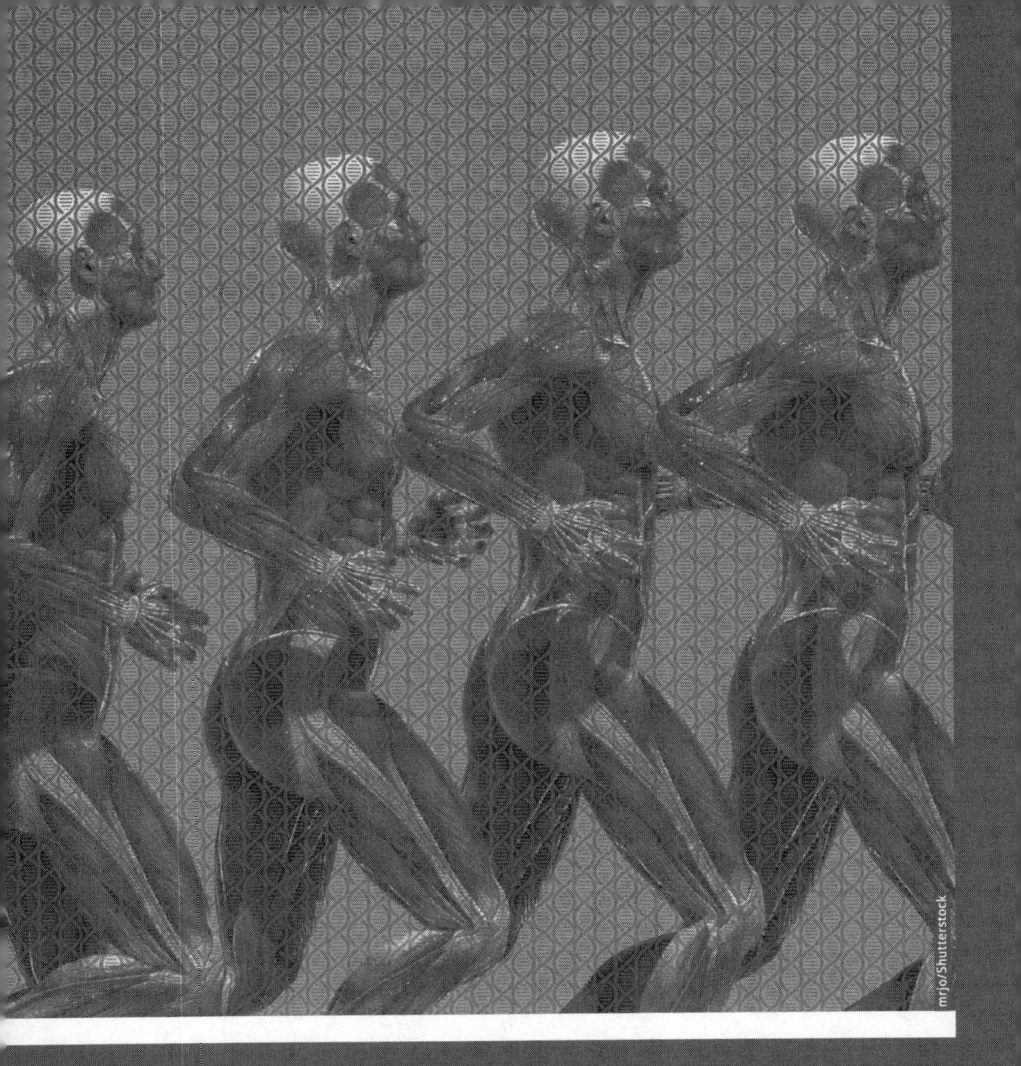

Capítulo 2

Biomecânica do tecido muscular esquelético

O **tecido** muscular estriado esquelético é, sem dúvida, o mais abundante dentro de nosso corpo. É ele que permite que possamos realizar movimentos, além de ser importante em inúmeros outros aspectos para a manutenção da vida. Esse tecido possui uma enorme plasticidade, ou seja, uma grande capacidade de adaptação. Essa adaptação é consequência das tarefas impostas ao organismo, como a prática sistematizada de atividades físicas.

Sendo assim, entender como o tecido se comporta durante a realização de exercícios e, principalmente, como ele se adapta a esses estímulos permite ao profissional de educação física escolher as melhores opções de atividades para que o objetivo de adaptação possa ser conseguido de forma mais breve e segura.

2.1 Morfologia e tipos de contrações musculares

O ser humano é formado por uma série de diferentes tecidos, cada um deles apresentando características morfológicas e funcionais específicas. O tecido muscular é um deles. Sua função básica é a de produzir tensão (força).

Essa capacidade de produzir tensão pode ter diferentes características, dependendo do tipo de tecido analisado e da tarefa a ser realizada. Isso não significa que o tecido muscular não tenha outras características. Além de **produzir tensão**, o tecido muscular apresenta outras capacidades, a **extensibilidade**, a **elasticidade** (poder ser deformado e voltar ao tamanho original, respectivamente) e a **irritabilidade** (capacidade de responder a um estímulo), como suas quatro características fundamentais (Hall, 2016).

O tecido muscular pode ser dividido em três diferentes tipos de músculos: o músculo **liso**, encontrado nas vísceras e nos vasos sanguíneos; o músculo **estriado cardíaco**, encontrado no coração; e o músculo **estriado esquelético**, o mais abundante dos três – este último é o foco do estudo deste capítulo.

A principal diferença entre os tecidos musculares liso e cardíaco e o músculo estriado esquelético é que este último nos dá a capacidade de controlá-lo. Essa capacidade de controle é muito refinada, pois permite a realização de movimentos muito sutis e precisos, como aqueles realizados quando um músico toca um instrumento. Entretanto, se for necessária a realização de grandes intensidades de força, essa musculatura também é capaz de gerar grandes intensidades de contração com um custo energético muito baixo, não encontrado em nenhum tipo de equipamento mecânico conhecido.

Além dessas características fundamentais e da capacidade de gerar movimento, o tecido muscular tem também diferentes funções dentro do nosso organismo. Ele serve de reserva energética, principalmente pela sua propriedade de estocar glicogênio muscular, uma das principais fontes de energia para a realização de atividades físicas. O músculo também permite que nosso equilíbrio postural seja mantido, realizando contrações de baixa intensidade, mas que perduram por grandes períodos de tempo.

As contrações realizadas por músculos em sentidos opostos (antagonistas) se anulam, mantendo a estabilidade, principalmente ao redor da coluna vertebral. Essas contrações musculares não só são importantes para a manutenção da postura, como também para a preservação da saúde óssea. A tensão constante do tecido muscular sobre o esqueleto incentiva a deposição de minerais nos ossos, ajudando na manutenção de uma correta densidade mineral óssea.

Os músculos, juntamente com seus respectivos tendões, também têm uma ação protetora sobre as articulações, absorvendo a maior parte dos impactos gerados durante atividades dinâmicas. Isso reduz a incidência de lesões sobre estruturas ósseas.

Sendo assim, apesar de a principal função do tecido muscular estriado esquelético ser a produção de movimento, ele tem uma importância muito maior na função biológica do indivíduo. Entretanto, neste capítulo nos preocuparemos em discutir prioritariamente a relação do tecido muscular estriado esquelético com a produção de movimento e como essa capacidade pode ser influenciada por características mecânicas próprias desse tecido.

Apesar de a principal função do tecido muscular estriado esquelético ser a produção de movimento, ele tem uma importância muito maior na função biológica do indivíduo.

Sendo assim, a primeira discussão que precisamos fazer é quanto aos **diferentes tipos de contrações musculares** que podem ser realizadas. Todavia, para começarmos a tratarmos dessas contrações, precisamos recuperar alguns conteúdos das aulas de Anatomia e nos lembrar como, fisicamente, o tecido muscular é organizado.

A Figura 2.1, a seguir, representa um **sarcômero**, que é a menor unidade funcional capaz de ser encontrada no tecido muscular estriado esquelético.

Figura 2.1 Organização estrutural de um sarcômero e seus miofilamentos

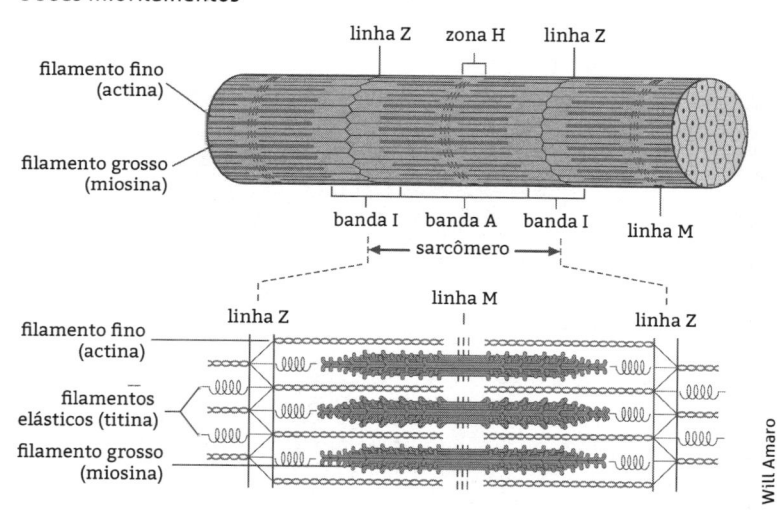

Fonte: Thompson, 2010, tradução nossa.

Esse sarcômero é constituído por uma série de miofilamentos, cada um com uma função específica dentro da estrutura. Filamentos proteicos de actina e miosina são encontrados em sua porção central, enquanto filamentos de titina estão nas suas extremidades (Aquino; Viana; Fonseca, 2005).

São, especificamente, os filamentos de actina e miosina (Figura 2.2) que nos interessam nesta discussão, pois são eles os responsáveis pela geração de uma conexão física entre as estruturas do sarcômero (pontes cruzadas), pela geração da tensão e, por consequência, do movimento.

Figura 2.2 Organização dos miofilamentos contráteis dentro daestrutura do sarcômero

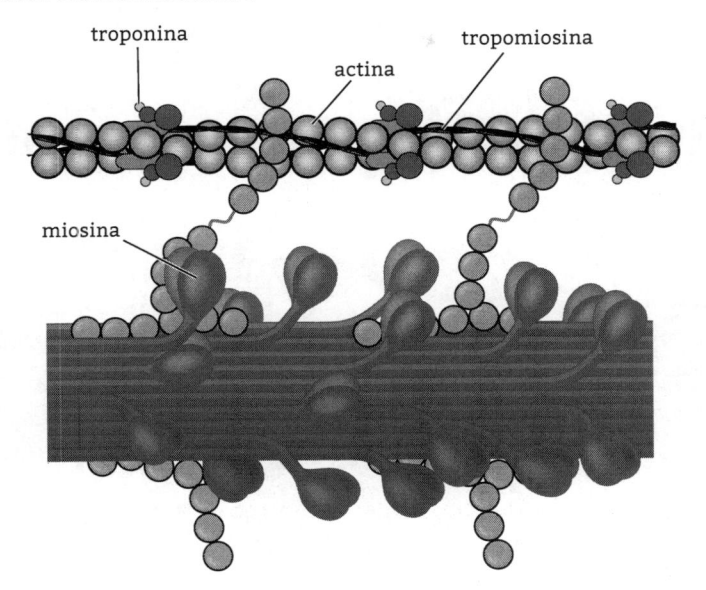

A imagem mostra a proximidade física entre os filamentos de actina e miosina, responsáveis pela formação das pontes cruzadas. De um modo geral, quanto maior o número de pontes cruzadas, maior é a geração da tensão. Porém, isso é "de um modo geral", pois ainda veremos que existem situações nas quais esse conceito acaba não se aplicando.

Toda vez que as pontes cruzadas são formadas, existe a quebra de fosfatos de alta energia (ATP) e o movimento da estrutura acontece (conforme vemos na Figura 2.3). Sendo assim, com o consumo de energia temos o movimento (encurtamento) da estrutura do sarcômero, o encurtamento de todo o tecido muscular e uma contração concêntrica. Por definição, uma contração concêntrica ocorre quando as extremidades (origem e inserção) do tecido muscular se aproximam e o comprimento total do músculo se reduz.

Figura 2.3 Passo a passo do mecanismo de contração muscular

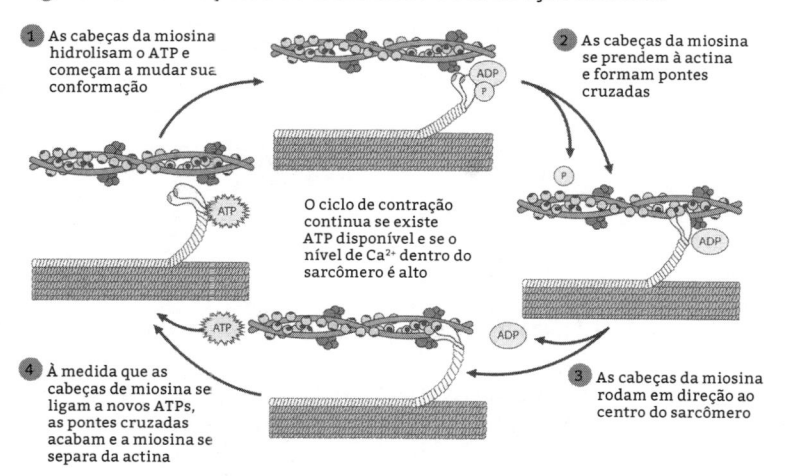

1. As cabeças da miosina hidrolisam o ATP e começam a mudar sua conformação

2. As cabeças da miosina se prendem à actina e formam pontes cruzadas

O ciclo de contração continua se existe ATP disponível e se o nível de Ca^{2+} dentro do sarcômero é alto

4. À medida que as cabeças de miosina se ligam a novos ATPs, as pontes cruzadas acabam e a miosina se separa da actina

3. As cabeças da miosina rodam em direção ao centro do sarcômero

Fonte: Medical Biochemistry, 2018, tradução nossa.

Essa imagem detalha o mecanismo de contração muscular. Ele inicia com a hidrólise do ATP na cabeça da miosina, a formação da conexão actina-miosina (ponte cruzada), a liberação de energia pela fosforilação da molécula e o movimento de toda a estrutura.

Além do número de pontes cruzadas geradas (micro), uma série de outros fatores pode influenciar a quantidade de força produzida: a composição da isoforma da cabeça da miosina; a distribuição das fibras musculares dentro do músculo; fatores neurais (que serão discutidos mais adiante), como a quantidade de impulso elétrico que consegue chegar ao tecido; e também, é claro, o tamanho do músculo (Corvino et al., 2009). A forma como as ações musculares ocorrem pode igualmente ser um fator importante nessa força total que se deseja produzir, sendo o tipo de contração algo que devemos levar em consideração nessa análise.

As **contrações concêntricas** são as que exigem maior consumo de energia e maior nível de ativação muscular (dinâmica que demonstraremos mais à frente). Isso geralmente acaba levando algumas pessoas a considerar essa contração como a que gera maior resposta de aumento do tecido muscular, quando, por exemplo, é utilizada durante a execução de exercícios de musculação. Veremos adiante que isso não é uma verdade, pois o fato de uma contração gerar maior gasto de energia e maior ativação muscular não está diretamente relacionado aos efeitos a longo prazo encontrados em razão da realização de exercícios.

Um outro tipo de contração que o tecido muscular pode executar é a **contração isométrica**. Nesse tipo, o tamanho do músculo observado não se modifica – não vemos alongamento ou encurtamento do tecido, pois ele se mantém constante ao longo de toda atividade. Essa categoria de contração é muito útil quando falamos de manutenção de postura, equilíbrio e execução de atividades explosivas.

A postura de um indivíduo só é mantida porque os músculos, principalmente ao redor do tronco, realizam inúmeras contrações isométricas, as quais estabilizam o corpo da pessoa, principalmente ao redor da coluna. Essas contrações – que, geralmente, realizam movimentos em sentidos contrários – anulam-se, permitindo que o segmento da coluna permaneça estável. Essa estabilidade é fundamental quando fazemos movimentos dinâmicos com os membros superiores e inferiores, como em atividades esportivas. Como os membros utilizam o tronco como ponto de apoio para a realização do movimento, quanto maior a capacidade do tronco de manter essa estabilidade, mais eficiente e seguro será o movimento. Podemos destacar aqui a importância dos músculos do core, que se encontram ao redor do tronco, cintura escapular e pélvica, os quais têm função de estabilizar o tronco (por exemplo, glúteo, abdominais, multifídios, eretores da espinha, iliopsoas, entre outros) e que acabam sendo fundamentais para a realização de qualquer tipo de atividade física diária, laboral ou esportiva.

Um terceiro tipo de contração que o músculo é capaz de realizar é a **contração excêntrica**. Esta acontece quando verificamos um aumento do tamanho do músculo (afastamento entre sua origem e inserção) durante sua ação. A contração excêntrica apresenta características distintas em relação às outras duas já citadas, e uma das mais marcantes é sua maior "economia". Enquanto na contração concêntrica a ação muscular se dá com a criação de novas pontes cruzadas a cada movimento da molécula de miosina no interior do sarcômero, o que temos na contração excêntrica é o desligamento de pontes cruzadas conforme o músculo vai se alongando e os sarcômeros vão perdendo contato entre os filamentos de actina e miosina.

A princípio, isso poderia parecer uma péssima ideia, pois quanto menor o número de pontes cruzadas, menor seria a força muscular gerada, certo? Nem sempre. Analise o seguinte exemplo: nas contrações excêntricas, além dos filamentos contráteis, outras estruturas vão sendo alongadas, e esse alongamento das estruturas começa a fazer com que elas ofereçam uma resistência de forma passiva. É como se você pegasse uma camiseta, bem macia e maleável, e começasse a esticá-la. A partir de certo ponto, quando relativamente esticada, ela começaria a oferecer resistência, e seria difícil continuar a fazer isso.

Além dos filamentos contráteis de actina e miosina, comentados anteriormente, um outro filamento encontrado no interior do sarcômero é fundamental para a característica de resistência passiva durante o alongamento, oferecida pela estrutura. Além da nebulina (que controla parcialmente o número de ligações troponina-tropomiosina) e da desmina (que ajuda na manutenção da fixação da actina e miosina à parede do sarcômero), existe no interior da estrutura a **titina** (Boff, 2008).

O filamento de titina (Figura 2.4) funciona como uma mola, a qual prende o filamento de miosina na linha Z, o final do sarcômero. Toda vez que o sarcômero se alonga, essa mola também é alongada e vai oferecendo resistência a esse alongamento. Esse é um exemplo claro de resistência passiva, ou seja, não existe gasto de energia, explicando a maior economia verificada em ações de característica excêntrica. Quando o movimento se encerra, a molécula ajuda no retorno da estrutura do sarcômero à sua conformação original. Desse modo, apesar de a titina não influenciar em ações musculares concêntricas ou isométricas, acaba ajudando muito em ações excêntricas.

Figura 2.4 Filamento de titina e limitação ao alongamento

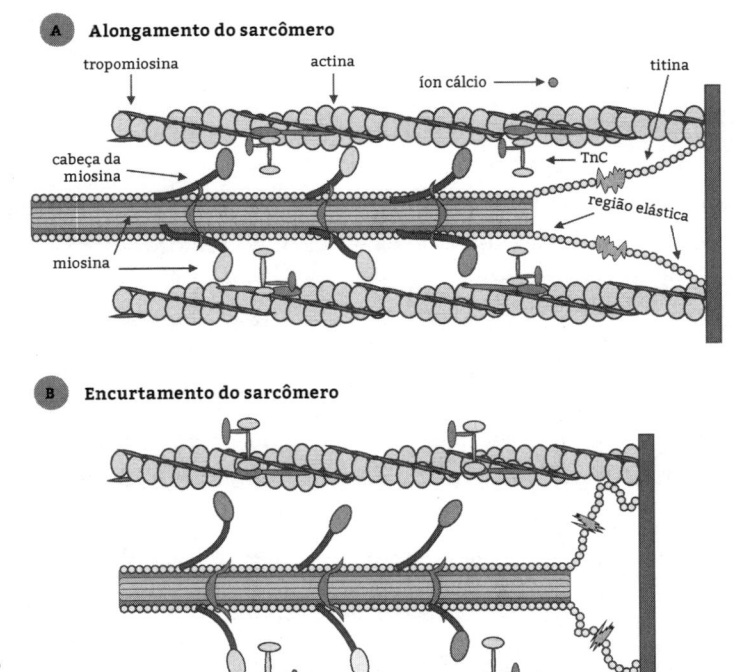

Fonte: Granzier; Labeit, 2004, tradução nossa.

A imagem mostra a contribuição dos filamentos de titina para a resistência ao estresse de alongamento e para o retorno passivo à posição pré-estiramento (energia elástica). Segundo uma revisão atual sobre o papel desse filamento na produção da força muscular, a titina parece aumentar a capacidade de produção de tensão em ações excêntricas, gerando altas taxas de força com um baixo custo energético. Como esse tipo de contração tem sido amplamente utilizado em vários modelos de treinamento, visando à melhora do desempenho e à reabilitação, essas evidências acabam sustentando a utilização de tal modelo de exercício (excêntrico) como sendo superior ao convencional (concêntrico/excêntrico) em uma série de aplicações (Hessel; Lindstedt; Nishikawa, 2017).

Existem ainda mais três tipos de contrações. Entretanto, essas contrações estão mais relacionadas a conceitos teóricos e a situações controladas em ambiente laboratorial; portanto, não são verificadas em atividades do cotidiano. Elas são classificadas em contrações **isoinerciais, isocinéticas** e **isotônicas**.

Na contração **isoinercial**, a resistência que o músculo precisa vencer é constante – entretanto, isso é bastante improvável de acontecer na vida real. Como veremos mais adiante, a mudança na posição dos segmentos altera o sistema de alavancas (articulações e ossos) e modifica a carga a ser vencida. Isso é bem fácil de ser notado em qualquer movimento na sala de musculação, pois em qualquer exercício uma posição específica pode exigir maior ou menor esforço para ser sustentada do que qualquer outra posição ao longo do arco de movimento daquele mesmo exercício (Figura 2.5).

Figura 2.5 Exemplo de exercício de flexão

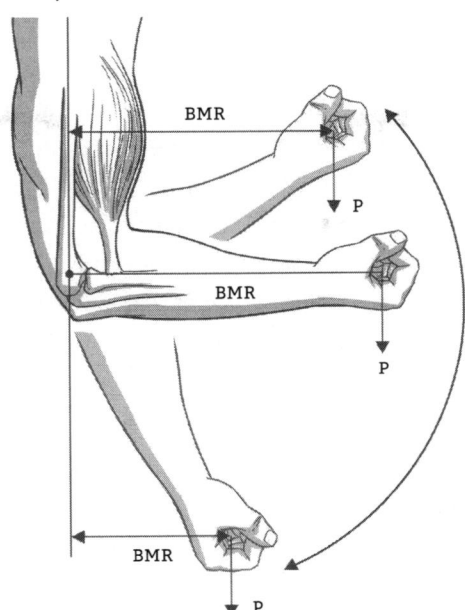

Vemos na imagem uma flexão de cotovelo. Nela é possível identificar mudanças no braço de momento da resistência (BMR)[1], sem alteração da força peso (P), o que modifica constantemente o torque a ser vencido.

Na contração **isotônica**, a tensão gerada pelo músculo é constante. Apesar de, teoricamente, ser possível, ela nunca será verificada. Isso é assim porque a tensão gerada pelo músculo é dependente das conexões entre as estruturas presentes dentro do sarcômeros, as quais têm origem biológica e, portanto, não funcionam de maneira perfeitamente previsível e estável.

[1] Braço de momento de resistência (BMR) é a distância entre o eixo de rotação do sistema – nesse caso o cotovelo – e o vetor de força (P), de forma perpendicular. Quanto maior essa distância, maior o torque (ou momento) gerado pelo sistema de alavancas (Campos, 2014).

Apesar de ser sempre o mesmo sarcômero, do mesmo músculo, tentando gerar tensão para fazer o mesmo movimento com a mesma carga, sua ação se modifica a cada um dos ciclos de encurtamento-alongamento. Essa "máquina" tem variações, o que impede que a tensão seja exatamente constante ao longo do movimento.

Por último, existem as contrações **isocinéticas**. Apesar de só serem verificadas em ambientes laboratoriais, são possíveis pela existência de um equipamento que permite sua execução: o dinamômetro isocinético. Veja a figura a seguir.

Figura 2.6 Equipamento de dinamometria isocinética

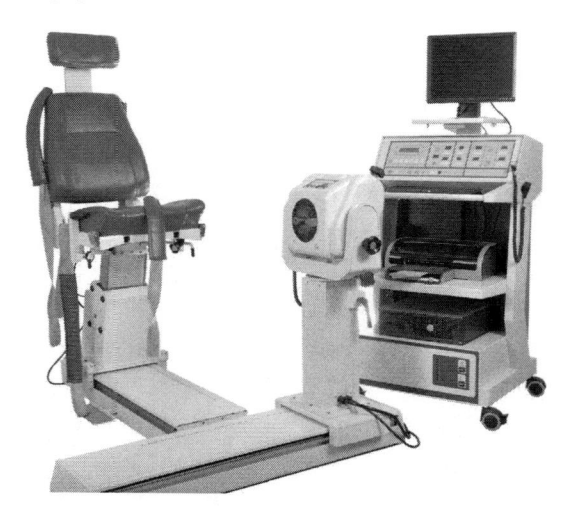

cirkoglu/Shutterstock

O equipamento mostrado nessa imagem é capaz de regular a velocidade do movimento executado pelo sujeito avaliado. Isso ocorre independentemente da intensidade do esforço realizado.

Uma contração isocinética é assim definida e analisada pelo fato de a velocidade do movimento ser constante ao longo de toda sua execução. Esse equipamento, que se assemelha muito a uma máquina que vemos em uma sala de musculação, é conectado a um computador e controla essa velocidade de movimento, fazendo ajustes dezenas ou centenas de vezes a cada segundo. Em pesquisas que envolvem a avaliação dos ganhos ou das perdas de força muscular, o dinamômetro isocinético acaba sendo importante, pois permite a reprodução de uma ação muscular de forma bastante estável, sendo possível avaliar o indivíduo exatamente da mesma forma antes e depois de dada intervenção (tratamento, treinamento etc.).

O desenvolvimento de dinamômetros isocinéticos no final dos anos 1960 permitiu, além de uma nova forma de avaliação, uma nova abordagem de treinamento. No dinamômetro isocinético é possível manter uma velocidade angular constante e imodificável ao longo de toda a amplitude de movimento (Svetlize, 1991).

2.2 Características mecânicas do tecido muscular

Além dos diferentes tipos de contração que o tecido muscular pode desenvolver, outros aspectos acabam influenciando na capacidade que o músculo tem de gerar força. Eles envolvem a velocidade, o comprimento, a temperatura e, é claro, o tipo de contração verificada.

A primeira observação importante diz respeito à influência do comprimento do sarcômero (e, por consequência, do músculo) na sua capacidade de produzir tensão. Observe o gráfico a seguir.

Gráfico 2.1 Representação gráfica da curva de comprimento-tensão

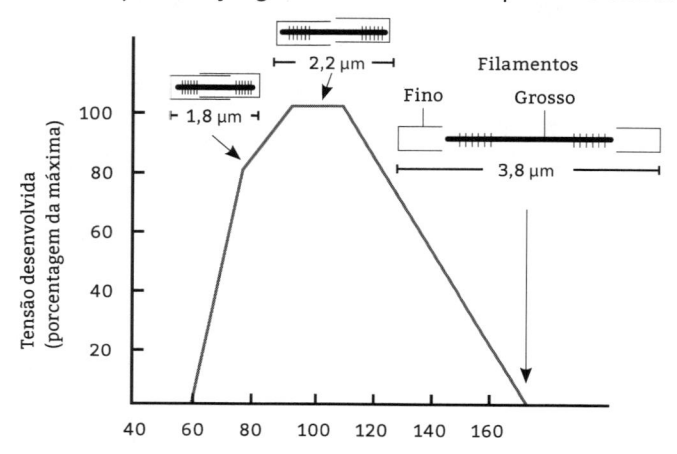

Eixo Y: Tensão desenvolvida (porcentagem da máxima) — 20, 40, 60, 80, 100
Eixo X: Comprimento em repouso do sarcômero (porcentagem do ótimo) — 40, 60, 80, 100, 120, 140, 160

Indicações no gráfico: 1,8 μm; 2,2 μm; Filamentos Fino e Grosso; 3,8 μm

Subestirado ← | Comprimento ótimo ↑ | → Superestimado

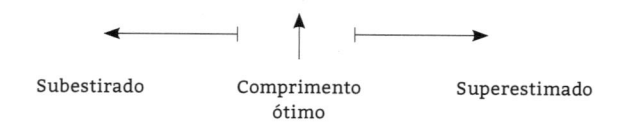

Fonte: Alencar; Matias, 2010.

Essa representação gráfica detalha a curva de comprimento-tensão, na qual um sarcômero muito encurtado (à esquerda da imagem) ou muito alongado (à direita da imagem) tem redução de sua capacidade ótima de produzir tensão (conforme mostrado na porção central da figura). A linha vertical (eixo **y**) identifica o percentual da tensão máxima que foi gerada, enquanto a linha horizontal (eixo **x**) mostra o comprimento percentual em relação ao comprimento ótimo (100%) da estrutura do sarcômero.

Sendo assim, podemos observar que existe mudança na capacidade de produzir tensão em razão de mudanças no comprimento da estrutura muscular. Quanto maior o comprimento (direita do gráfico), maior é a perda da capacidade de produzir tensão. Isso se deve a um afastamento entre os miofilamentos de actina e miosina e, por consequência, a redução na capacidade de se conseguir produzir pontes cruzadas entre essas duas estruturas. O mesmo é observado quando o sarcômero é gradualmente encurtado (à esquerda do gráfico) e os filamentos vão se sobrepondo e começam, novamente, a impedir que um número ótimo de pontes cruzadas possa ser gerado, o que acaba reduzindo a força muscular produzida.

> O tecido muscular sempre deseja que a relação comprimento-tensão seja ótima – ou o mais próximo disso –, pois você consegue uma maior eficiência mecânica e energética nessa condição. O tecido gasta menos energia para produzir mais tensão quando o comprimento é ótimo.

Existe, entretanto, um comprimento "ótimo" que, no gráfico, fica na parte central e que equivale a um tamanho de sarcômero ao redor de 2,2 μm (micrômetros). Ao redor desse comprimento, a maior parte das ligações entre as moléculas de actina e de miosina poderão ser feitas, e a produção de força muscular será máxima.

O tecido muscular sempre deseja que a relação comprimento-tensão seja ótima – ou o mais próximo disso –, pois o indivíduo consegue uma maior eficiência mecânica e energética nessa condição. O tecido gasta menos energia para produzir mais tensão quando o comprimento é ótimo. Essa relação comprimento-tensão é muito importante e explica também uma série de alterações morfológicas que o tecido muscular pode sofrer – por exemplo, um encurtamento muscular, que explicaremos mais adiante.

Após apresentarmos o conceito de curva de comprimento e tensão do sarcômero, podemos extrapolar a análise e começar a olhar o tecido muscular como um todo (Gráfico 2.2), e não apenas como sarcômeros isolados. A partir do momento em que olhamos para todo o tecido, outros aspectos importantes podem ser observados.

Gráfico 2.2 Curva de comprimento-tensão de um músculo

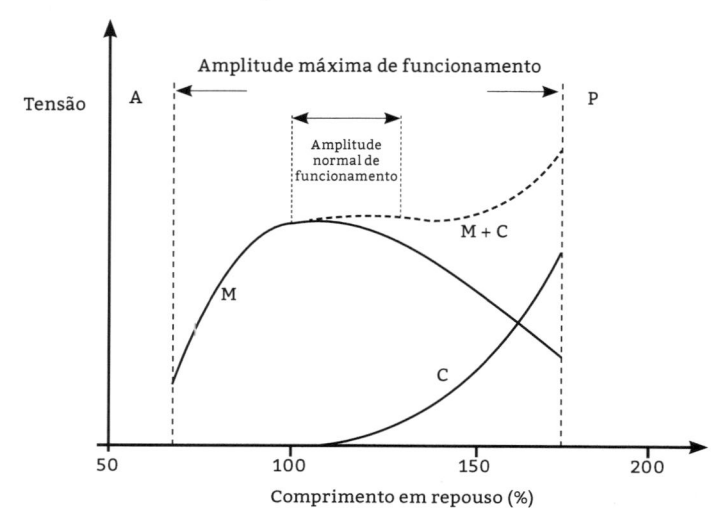

Eixo Y: Tensão; Eixo X: Comprimento em repouso (%) — 50, 100, 150, 200. Indicações: A, P, Amplitude máxima de funcionamento, Amplitude normal de funcionamento, M, C, M + C.

Essa imagem retrata a curva de comprimento-tensão de um músculo, integrando as capacidades contráteis dos tecidos ativos (miofilamentos dentro do sarcômero – M) e dos tecidos conjuntivos passivos intra e extramusculares (fáscias e tendões – C). A linha identificada pela letra M representa apenas a capacidade de produção de força gerada pelo tecido muscular e suas pontes cruzadas entre a actina e miosina. Nessa linha não está representado apenas um sarcômero, como na figura que vimos anteriormente, mas, sim, todos os sarcômeros de um determinado músculo.

Sendo assim, a linha M representa o músculo como um todo. Perceba que o comportamento da linha é bem similar àquele que verificamos no sarcômero individualmente, e isso era de se esperar, pois a capacidade muscular é o somatório de todos os sarcômeros que o compõem. Entretanto, quando olhamos para o músculo como um todo, observamos também outros tecidos não contráteis que fazem parte da estrutura, como os tendões e as fáscias (endomísio, perimísio e epimísio), os quais recobrem interna e externamente o tecido muscular.

Essas estruturas de tecido conjuntivo não são capazes de interferir durante ações excêntricas ou isométricas, pois não contam com capacidade contrátil; porém, oferecem resistência quando o tecido é alongado, assim como qualquer outro tecido orgânico ou inorgânico. Isso está representado no gráfico pela linha identificada pela letra C. Observe que, quando o músculo é encurtado (concentricamente), a contribuição de tal tecido é zero. Entretanto, em ações excêntricas, o tecido conjuntivo acaba contribuindo de forma significativa para a produção da tensão total, e verificamos que a linha vai subindo quanto mais alongado o músculo estiver.

Dessa maneira, o produto final desses dois tecidos – o muscular (ativo) e o conjuntivo (passivo) –, quando somados (linha M + C), aumenta muito a capacidade de se produzir tensão em ações de característica excêntrica. Isso é facilmente verificado quando realizamos exercícios na sala de musculação.

Vejamos um exemplo: imagine que você está fazendo um exercício qualquer na sala de musculação, como um supino reto com barra livre, e seu objetivo é realizar esse movimento até a falha concêntrica, ou seja, quando você não puder mais mover a barra para cima sozinho. Para que isso não cause qualquer tipo de acidente, você pede para o instrutor ficar por perto para que, quando a falha acontecer, ele o ajude a completar mais um ou dois movimentos. Na musculação isso é conhecido como **repetição com ajuda**. Quando o exercício se inicia, você perceberá que, na fase da contração concêntrica (subida), o esforço é maior do que na fase excêntrica (descida). Isso acontece porque, em ações concêntricas, toda a energia para gerar o movimento vem exclusivamente daquela gasta para mover as cabeças de miosina em cada uma das pontes cruzadas realizadas. Já nas ações excêntricas, além das pontes cruzadas, a resistência passiva (e, portanto, sem gasto energético) acaba contribuindo na produção da energia. Isso faz com que o esforço seja menor, com menor gasto de energia. Com a realização das repetições, você irá notar que, cada vez mais, a velocidade da subida da barra vai diminuindo e o esforço para fazer isso vai aumentando, até chegar o instante em que você não terá mais capacidade para subir a barra, e ela vai permanecer parada, sem descer nem subir, por um breve instante. Isso é a falha concêntrica.

Perceba, porém, que, apesar de concentricamente (subida) ser incapaz de manter o movimento, você ainda consegue sustentar uma breve isometria. Isso é possível porque, em contrações concêntricas, para que o movimento ocorra, nem todas as ligações actina-miosina conseguem ser realizadas ao mesmo tempo, pois é necessário que algumas estejam sendo desfeitas para se ligarem novamente mais à frente no sarcômero. Entretanto, em uma isometria, como não é necessário movimento, você consegue fazer todas as ligações, e sua força nesse tipo de contração é um pouco maior e leva um pouco mais de tempo para que a falha aconteça. Mas o exercício ainda não acabou. Você, com o auxílio do professor, continuará o movimento, porém, agora, a subida da barra tem ajuda e você vai apenas descer a barra sozinho. Você perceberá que, apesar de não conseguir mover a barra um único milímetro para cima, é capaz de realizar mais algumas repetições controlando a descida da barra, e essa maior força excêntrica em relação à isométrica e concêntrica é produto dos tecidos passivos (conjuntivos), que oferecem resistência e ajudam na produção da tensão nesse tipo de ação muscular. Desse modo, quando os componentes contráteis e passivos são incluídos na análise, percebemos que, quanto maior for o alongamento muscular, maior será a tensão total produzida pelo tecido (Durigon, 1995).

Ainda com relação ao Gráfico 2.2, ele também serve para explicar um outro tipo de característica do músculo em razão de seu encurtamento e alongamento, chamados de *pontos de insuficiência ativa e passiva*. Normalmente, utilizamos esses termos para explicar o que acontece em músculos biarticulares, quando a posição de articulações adjacentes influencia muito na capacidade contrátil. Todavia, esse efeito é verificado em qualquer tipo de músculo estriado esquelético.

Vamos um exemplo na figura a seguir.

Figura 2.7 Exemplo de movimento limitado pela insuficiência ativa

Essa imagem detalha uma situação em que os flexores do joelho biarticulares estão muito encurtados (em razão da extensão do quadril) e não conseguem continuar fletindo o joelho. Esse é um movimento bem comum na sala de musculação, seja com caneleira, como na figura, seja em equipamentos específicos.

O movimento é realizado com a contração dos músculos flexores do joelho. Vamos, a seguir, observar apenas os músculos biarticulares de um grupo chamado *isquiossurais*. Esses músculos saem da perna e vão até a pelve, sendo assim flexores do joelho e um dos extensores do quadril, conforme mostra a imagem a seguir.

Figura 2.8 Músculos biarticulares responsáveis por fletir o joelho

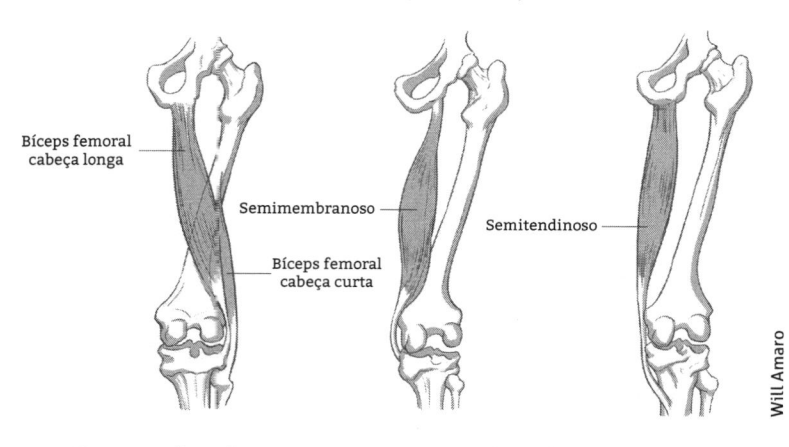

Bíceps femoral cabeça longa
Semimembranoso
Bíceps femoral cabeça curta
Semitendinoso

Will Amaro

Esses músculos se encontram em insuficiência ativa no movimento demonstrado na Figura 2.7. Quando estamos em pé, os músculos estão encurtados ao redor do quadril (pois ele está em posição neutra) e alongados ao redor do joelho (que está estendido). Conforme o joelho vai se flexionando, as porções distais (ou seja, as porções musculares mais próximas ao joelho) dos músculos também vão sendo encurtadas. Como ao redor do quadril esse encurtamento já é bastante grande, conforme o joelho vai se flexionando, os sarcômeros dos músculos vão ficando muito encurtados e a capacidade de produzir tensão de cada sarcômero – e, por consequência dos músculos como um todo – vai se reduzindo drasticamente. Se você tentar fazer isso em casa – ficar em pé e flexionar o joelho – vai perceber que o movimento se encerra muito antes de o pé tocar o glúteo.

Todavia, perceba que isso não é falta de mobilidade. Tanto não o é que, se você pegar seu pé com uma das mãos, provavelmente conseguirá continuar o movimento até que o pé toque o músculo do glúteo máximo. Essa é a definição de insuficiência ativa, quando a origem e a inserção muscular são tão próximas (encurtamento do músculo) que ele perde capacidade de vencer a carga e continuar o movimento.

Algo similar também ocorre, mas em outro sentido, o do alongamento. Quando um músculo é muito alongado, acaba restringindo a capacidade da articulação de executar um movimento, o que chamamos de *insuficiência passiva*, conforme mostra a imagem a seguir.

Figura 2.9 Exemplo de insuficiência passiva

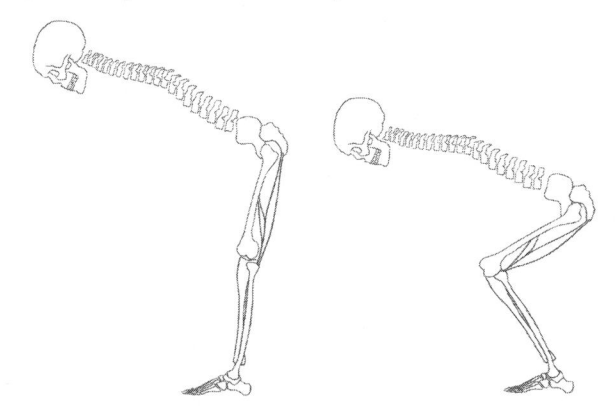

Percebemos na imagem que os mesmos músculos utilizados no exemplo anterior agora limitam o movimento de flexão do tronco à frente, se o joelho permanecer em extensão (excesso de alongamento – imagem à esquerda). Se o joelho for flexionado, é reduzida a tensão muscular e o movimento prossegue (imagem à direita).

Se você tentar inclinar o tronco à frente e flexionar o quadril com os joelhos em extensão, vai perceber que o movimento acaba sendo limitado em um determinado momento (como vemos na imagem à esquerda). Em pessoas com baixo nível de flexibilidade, essa limitação pode ocorrer inclusive antes do quadril chegar a 90 graus. É provável que, junto com essa limitação de movimento, você sinta um relativo desconforto na parte posterior das suas pernas e coxas, percebendo claramente que os músculos dessa região estão sendo alongados. Esse efeito limitante ao movimento causado pelo alongamento excessivo de músculos geralmente biarticulares (apesar de também ser aplicável aos uniarticulares) é chamada *insuficiência passiva*.

Uma forma de reduzir ou evitar essa limitação no citado exemplo é realizar, juntamente com a flexão do tronco/quadril, a flexão do joelho (como na imagem à direita, Figura 2.9). Desse modo, os músculos biarticulares na parte posterior da coxa e que estavam exageradamente alongados (e impedindo o movimento) passam a uma posição mais encurtada ao redor do joelho, reduzindo a limitação ao movimento e permitindo o aumento da sua amplitude.

Outra característica importante da capacidade contrátil muscular é sua relação com a velocidade. Essa relação da capacidade de produzir tensão com a velocidade da contração é diferente para cada uma das ações musculares possíveis, como mostra a imagem a seguir.

Gráfico 2.3 Curva de relação entre a força produzida (vertical) e a relativa velocidade de encurtamento

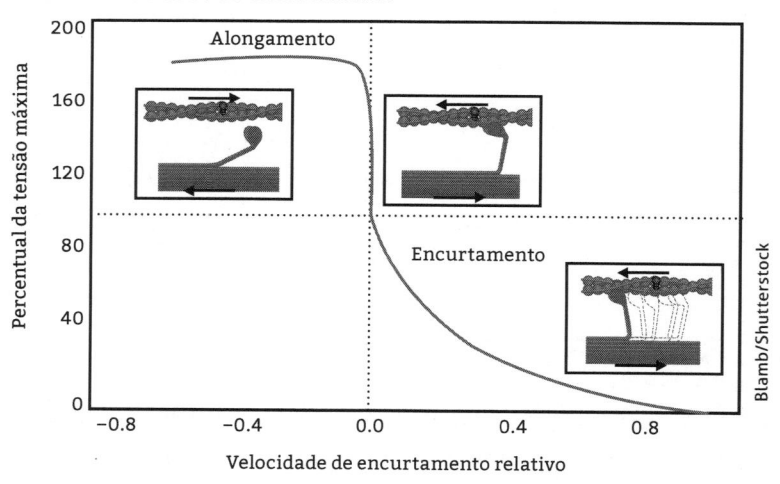

Nessa imagem, perceba que a velocidade interfere apenas na produção de força em ações concêntricas (parte à direita da imagem) e não nas ações excêntricas (parte à esquerda da imagem). Nós temos, no eixo horizontal, a velocidade de encurtamento muscular. No centro da imagem é possível ver que a velocidade é igual a zero, ou seja, não existe velocidade de encurtamento, o que representa uma contração isométrica.

Tudo à direita na imagem apresenta valores positivos, o que significa maior velocidade de encurtamento (contração concêntrica). Note que, quanto mais à direita do gráfico, maior essa velocidade. Já à esquerda do gráfico os valores são negativos, ou seja, menos encurtamento ou, então, uma ação excêntrica. E, assim como à direita, quanto mais se afasta do centro do gráfico, maior a velocidade. O eixo vertical (linha em destaque na imagem) identifica a tensão total produzida.

Inicialmente, observe apenas a parte à direita do gráfico: a ação concêntrica. Quanto maior a velocidade, menos força é produzida. Isso acontece porque, quanto mais velocidade se impõe à ação contrátil, menos tempo se tem para a realização das pontes cruzadas e menos tensão é produzida. Perceba que, quando precisa mover um objeto muito pesado, você acaba obrigatoriamente realizando movimentos mais lentos. Vários estudos observaram essa relação, em diferentes condições e sujeitos, na qual o aumento da velocidade de contração acabava produzindo uma significativa redução na força (e, por consequência, no torque articular) dos músculos envolvidos na tarefa. Isso é demonstrado na imagem a seguir.

Gráfico 2.4 Pico de torque de extensão do joelho durante uma contração isométrica (TMI) e concêntrica máxima (TMC)

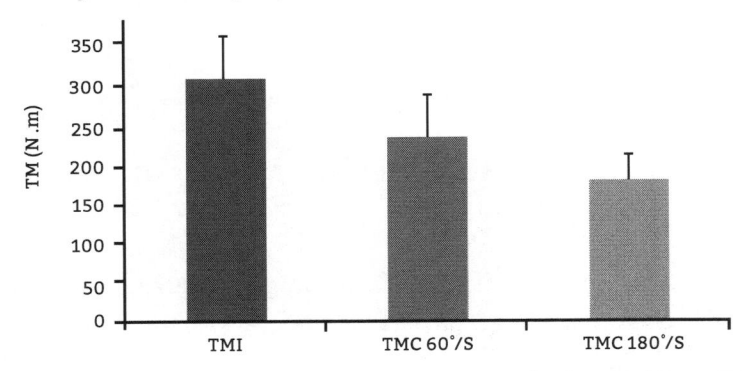

Fonte: Corvino et al., 2009, p. 430.

A imagem mostra um torque máximo concêntrico a 60°/S (TMC 60°/S) e a 180°/S (TMC 180°/S). Observe que o aumento da velocidade causa redução do torque máximo (TM).

Esse efeito de redução da força em razão da velocidade não é verificado em ações excêntricas (Gráfico 2.3), em que essa característica não tem interferência na tensão produzida. Isso acontece porque a resistência do tecido conjuntivo aumenta de forma proporcional à redução da resistência do tecido muscular, sendo então a tensão total praticamente estável, independentemente da velocidade. Outra observação importante para ser feita nessa imagem é a enorme contribuição do tecido conjuntivo na produção da tensão passiva.

Ao observarmos o Gráfico 2.4, percebemos que, na velocidade zero (isometria), a tensão é de 100%, ou seja, a máxima (todas as pontes cruzadas possíveis). Na ação excêntrica, por sua vez, a tensão produzida é quase duplicada (fica ao redor de 180% do máximo isométrico) pela contribuição dos tecidos passivos existentes ao redor do músculo.

Entender o funcionamento da microestrutura muscular (sarcômero) e como as contrações podem ser influenciadas por características mecânicas do tecido e pela velocidade de execução da tarefa é fundamental para compreendermos os efeitos do processo de treinamento e para definir a escolha das atividades e das ações que compõe uma sessão exercícios, seja com finalidade estética (por exemplo, hipertrofia), seja com finalidade de melhora do desempenho em atividades esportivas.

2.3 Respostas musculares ao treinamento resistido

Quando um músculo é exposto a um programa de exercícios sistematizados, sua capacidade de produzir tensão, sua resistência e seu volume aumentam gradativamente. A quantidade e a velocidade do aumento dependem de uma série de fatores, mas, em geral, as modificações ocorrem de maneira similar em qualquer indivíduo saudável.

Essas mudanças na capacidade funcional do músculo treinado são consequência de adaptações de ordem neural e muscular, sendo que elas acontecem em ritmos e instantes diferentes, dependendo do grau de treinamento do indivíduo. Sendo assim, vamos agora entender, de forma simples e rápida, como os exercícios podem influenciar o desenvolvimento da força, da resistência e da massa muscular.

Utilizaremos como exemplo um indivíduo completamente destreinado, jovem e saudável. Esse sujeito irá começar um programa de treinamento na sala de musculação.

Figura 2.10 Músculos agonistas (vasto lateral e medial) e antagonistas (bíceps femoral) na extensão do joelho

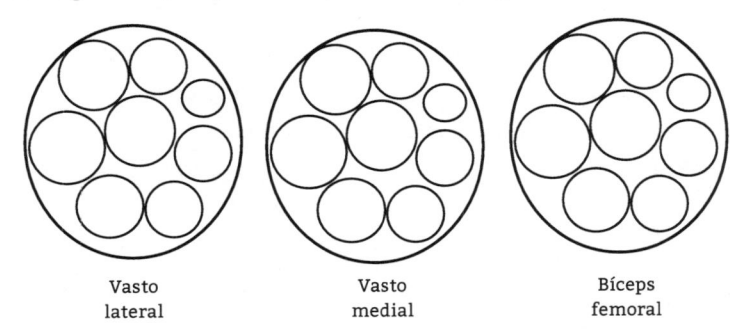

| Vasto lateral | Vasto medial | Bíceps femoral |

A imagem representa a área de secção transversa de alguns dos músculos ao redor da coxa desse indivíduo: o vasto lateral e o vasto medial (músculos do quadríceps) e o bíceps femoral (isquiossurais). Os círculos menores, dentro do músculo (representado pelos círculos maiores que envolvem os menores), representam as fibras musculares de cada um desses músculos.

Quando esse indivíduo vai à academia pela primeira vez e realiza um esforço com o qual ele não está acostumado, alguns fenômenos podem ser observados no recrutamento desses músculos. Imaginemos que o movimento realizado é a extensão do joelho na cadeira extensora e que o esforço será relativamente alto. Veja como o recrutamento ocorre na imagem a seguir.

Figura 2.11 Padrão de ativação dos músculos durante extensão do joelho (máxima) de indivíduo destreinado

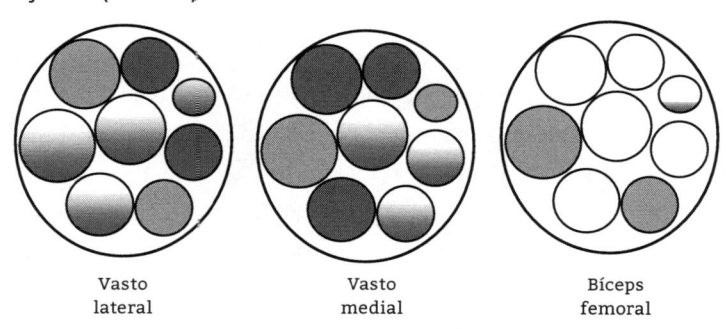

| Vasto lateral | Vasto medial | Bíceps femoral |

Quanto mais "escura" está a fibra, mais ativada ela se encontra. Observe que, apesar de algumas fibras dos músculos do vasto lateral e do medial estarem completamente ativas, outras estão sendo apenas parcialmente recrutadas. Outras ainda sequer conseguem contribuir para que o movimento ocorra. Isso acaba reduzindo muito a força total produzida, pois a coordenação dentro de cada músculo (coordenação intramuscular) e entre os músculos agonistas (coordenação intermuscular) ainda é muito ruim. Isso é o que geralmente ocorre com indivíduos destreinados, pois ainda não possuem a capacidade de recrutar de forma "ótima" os músculos envolvidos na tarefa.

> As mudanças na capacidade funcional do músculo treinado são consequência de adaptações de ordem neural e muscular, sendo que elas acontecem em ritmos e instantes diferentes, dependendo do grau de treinamento do indivíduo.

Outra observação importante é que o músculo bíceps femoral, antagonista ao quadríceps e gerador de um movimento contrário ao movimento executado (extensão do joelho), deveria estar completamente relaxado (inibição recíproca), mas não está. Isso acontece porque a coordenação entre músculos antagonistas (coordenação intermuscular) também não está em sua capacidade máxima. Desse modo, a produção de força total no movimento não é ótima, pois os músculos motores não conseguem trabalhar nas suas capacidades máximas e os antagonistas estão dificultando o movimento.

Porém, conforme as sessões de exercício são executadas ao longo de algumas semanas, é possível visualizar modificações na capacidade de recrutamento muscular e, assim, na força total produzida.

Figura 2.12 Padrão de ativação dos músculos durante extensão do joelho (máxima) de indivíduo após período de treinamento

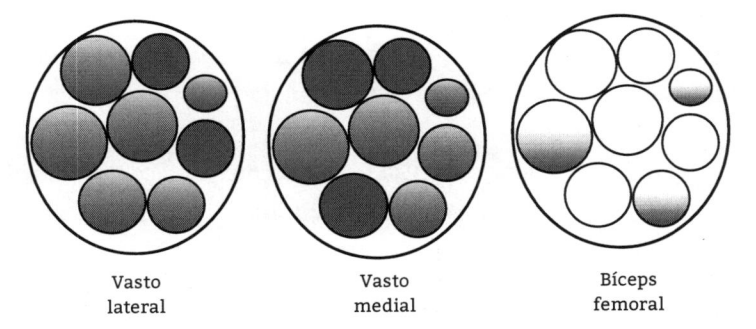

| Vasto lateral | Vasto medial | Bíceps femoral |

Nessa imagem já é possível ver que o recrutamento das fibras dos músculos agonistas é muito maior, mesmo que ainda não seja máximo. Além disso, a ativação do músculo contrário ao movimento caiu drasticamente e, apesar de não estar completamente relaxado, agora dificulta muito pouco a realização do movimento. Essas modificações já são suficientes para que a força muscular total produzida seja substancialmente aumentada – em alguns casos, ao redor de 100% já nas primeiras 6 a 8 semanas de treinamento, mesmo que não se verifique qualquer hipertrofia do tecido.

Isso é conhecido como ***adaptações neurais***. Estas envolvem a melhora na geração e na transmissão do impulso elétrico, assim como sua dissipação no tecido muscular e, por consequência, seu efeito no recrutamento das fibras. Desse modo, toda vez que um indivíduo começa a treinar, a adaptação preliminar que ele irá experimentar é a neurológica (Maior; Alves, 2003).

Quando um professor da sala de musculação indica ao aluno iniciante uma série de adaptação, esta serve, entre outras coisas, para que essas adaptações neurais possam acontecer. As adaptações neurais são os primeiros sinais de modificações causadas pelo treinamento com pesos e explicam os ganhos de força nas primeiras sessões de treinamento.

Do mesmo modo, quando os exercícios são encerrados, os efeitos do destreinamento são a perda de tais adaptações, mesmo que a massa muscular seja relativamente mantida. Quem já treinou musculação por um tempo e precisou parar de praticá-la por algum motivo sabe que, quando se retorna aos treinos, mesmo que sua massa muscular não tenha mudado muito, a força foi muito comprometida.

A imagem a seguir (Figura 2.13) demonstra a contribuição desse tipo de adaptação na força total produzida de um indivíduo que começou um programa de exercícios com pesos.

Figura 2.13 Representação gráfica da ordem cronológica das adaptações neurais (iniciais) e hipertróficas (posteriores)

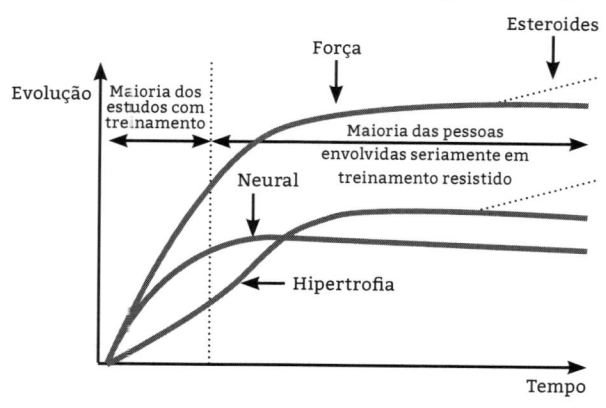

Essa imagem detalha as adaptações neurais (iniciais) e hipertróficas (posteriores) verificadas após o início de um programa sistematizado de exercícios com pesos. Ao começar a realização de um programa de exercícios com pesos, percebemos um gradativo aumento na capacidade de geração de tensão (força) da musculatura exercitada. Entretanto, esse aumento da força é muito mais relacionado a adaptações de características neurais do que em razão da hipertrofia, ainda que estudos recentes apontem que, já nas primeiras semanas de treinamento, ocorre a hipertrofia muscular.

Alguns fenômenos nos ajudam a comprovar a existência de adaptações neurais nos exercícios resistidos. Dentre eles, podemos mencionar o *deficit* bilateral e a educação cruzada.

O *deficit* bilateral é encontrado com mais clareza em indivíduos sedentários ou pouco treinados e envolve a incapacidade de se manter um nível de ativação adequado, para membros homólogos (direito e esquerdo), de forma simultânea. Se um indivíduo destreinado tentar fazer um teste de flexão máxima de cotovelo, vai encontrar uma determinada força máxima.

Suponhamos que, em um teste de repetição máxima (1RM), essa força equivale a 17 kg (observe a Figura 2.14, a seguir). Esse foi o resultado no cotovelo direito, e esse indivíduo é destro. No cotovelo esquerdo, a força provavelmente será um pouco menor (imaginemos que ela seja de 15 kg). Se formos somar a força total, teríamos 32 kg como resultado da soma de ambos os membros. Entretanto, se realizarmos o teste com ambos os membros de forma simultânea, encontraríamos um valor ao redor de 28-29 kg, no máximo. Note que o valor dos membros somados individualmente é maior do que se eles forem testados de forma conjunta. Mas por que isso ocorre?

Figura 2.14 *Deficit* bilateral na produção de força muscular

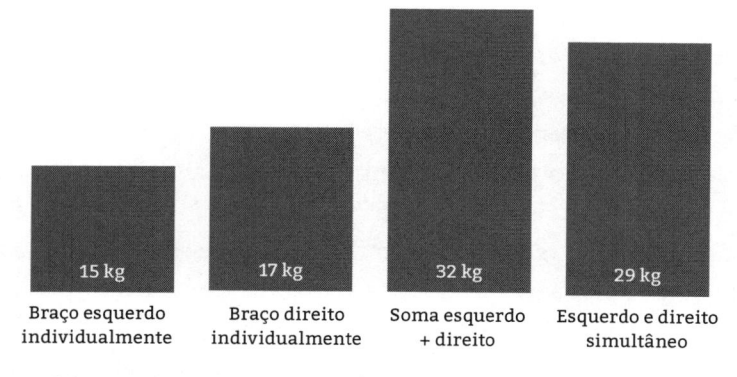

15 kg	17 kg	32 kg	29 kg
Braço esquerdo individualmente	Braço direito individualmente	Soma esquerdo + direito	Esquerdo e direito simultâneo

A imagem representa um efeito hipotético de *deficit* bilateral verificado quando a soma das forças dos membros homólogos direito e esquerdo, avaliados individualmente, é maior do que a força total gerada em um movimento conjunto. Em esforços máximos, a taxa de ativação muscular precisa ser muito alta; um impulso elétrico de alta frequência precisa ser gerado e propagado pelos nervos até chegar à unidade motora e despolarizar a fibra muscular.

Em indivíduos treinados, quanto mais músculos ou grupos musculares envolvidos na tarefa, mais difícil é de se sustentar tão alto nível de ativação. Com isso, acaba ocorrendo uma influência negativa na força muscular pela incapacidade de se manter uma ativação máxima em mais de um grupo muscular. Alguns estudos encontraram perdas na produção de força em condições nas quais os membros eram movidos de forma simultânea (direito e esquerdo ao mesmo tempo) que chegavam a quase 10% da força máxima total medida individualmente, quando os membros não realizavam o exercício ao mesmo tempo (Chaves et al., 2004).

> *Parte da capacidade muscular de produzir tensão está diretamente ligada a aspectos que envolvem componentes neuromusculares – e não apenas estruturais, como o tamanho dos músculos.*

Isso demonstra que, realmente, parte da capacidade muscular de produzir tensão está diretamente ligada a aspectos que envolvem componentes neuromusculares – e não apenas estruturais, como o tamanho dos músculos. Esse efeito não interfere de forma alguma em qualquer aspecto do desenvolvimento da força. Mesmo que se opte pela realização de exercícios bilaterais, como uma rosca direta com barras, as adaptações neuromusculares irão ocorrer de forma satisfatória. Em outras palavras, apesar de esse efeito influenciar na força máxima de indivíduos, ele não influencia nos ganhos obtidos com o treinamento.

Outro fenômeno interessante e que demonstra a importância do componente neural na força é conhecido como **educação cruzada**. Dê uma olhada na figura a seguir.

Figura 2.15 Ganhos de força nos membros treinados e controle

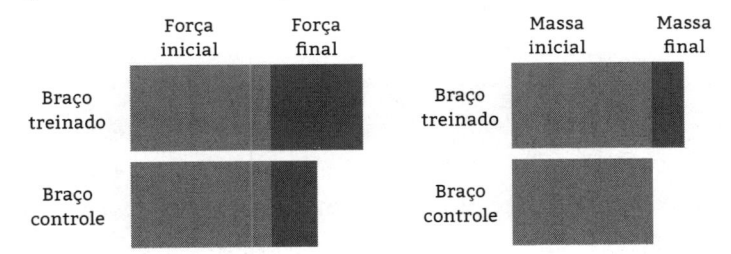

	Força inicial	Força final		Massa inicial	Massa final
Braço treinado			Braço treinado		
Braço controle			Braço controle		

A imagem representa o efeito hipotético de ganhos de força muscular no braço controle (sem treinamento) em razão de adaptações neurais geradas pelo treinamento do braço homólogo (treinado). Imagine a seguinte situação: um indivíduo começa a realizar sistematicamente exercícios de flexão do cotovelo com halter em sua casa; porém, ele só exercita um dos braços. Como era de se esperar, após um determinado período de treino, o membro exercitado começa a apresentar ganhos de força. Assim como ganhos de força, esse membro começa a apresentar aumentos na sua massa muscular. Entretanto, quando olhamos para o membro contralateral, não observamos nenhum aumento de massa muscular, já que tal segmento não foi exposto a qualquer tipo de estresse de treinamento.

Porém, se pudéssemos testar sua força no início e no final desse programa de exercícios, veríamos um **ganho substancial** na força, apesar de o membro não ter sido treinado. Esse ganho de força, evidentemente, não seria tão significativo quanto aquele observado no membro exercitado, mas seria um ganho claro e importante. Por que isso ocorre?

Como uma parte importante da força que conseguimos gerar nas ações musculares depende da transmissão de impulsos elétricos e da coordenação intra e intermuscular – e tudo isso está diretamente ligado ao componente neuromuscular –, quando treinamos, elas se desenvolvem como vimos anteriormente. É como se desenvolvêssemos uma atualização no *"software"* que comanda o membro.

Além desse desenvolvimento, com o passar do tempo, a morfologia do tecido também sofre modificações, caso em que verificamos hipertrofia. Todavia, esse desenvolvimento que conseguimos no controle de um dos membros é muito parecido com o que conseguiríamos no outro membro, caso ele também fosse treinado. Quando tentamos acessar o *"software"* do membro que não se exercitou, não vamos encontrar essa atualização, mas encontramos uma muito parecida, a do membro contralateral. Como são desenvolvimentos muito similares, é possível transferir parcialmente esse aprendizado de um lado para o outro (por isso recebe o nome *educação cruzada*). Também é otimizado, mesmo que parcialmente, o funcionamento do membro que não foi treinado. Mas qual seria a utilidade disso?

Uma grande utilidade do conhecimento do efeito de educação cruzada pode ser verificada em situações de reabilitação, na qual um membro está imobilizado e não pode ser movimentado. Nesse caso, o outro membro é exercitado – não com o objetivo de ficar mais forte, mas por causa da manutenção da força dele e do membro lesionado. Sendo assim, depois da retirada da imobilização, esse membro tem condição de retomar a funcionalidade com maior velocidade. Esse efeito parece ser mais evidente em mulheres do que em homens, que apresentariam um melhor padrão de recrutamento muscular conforme afirmam Dias et al. (2005).

Outro ponto importante a destacarmos sobre o fenômeno da educação cruzada é sua relação com a complexidade da tarefa. Atividades mais simples, que exigem menor coordenação motora, apresentam resultados mais significativos em menor período de tempo em relação a atividades mais complexas e que envolvam maior número de grupos musculares (Lemmer et al., 2000).

É importante conhecer todas essas características referentes às adaptações neurais; porém, elas ocupam um espaço muito pequeno no desenvolvimento da força de indivíduos submetidos a programas de treinamento, geralmente apenas nas primeiras semanas. A partir daí as adaptações morfológicas acabam sendo mais evidentes e a hipertrofia passa a ser o componente principal de todo o desenvolvimento muscular.

A hipertrofia vai causar aumento da área de secção transversa em razão da adição de maior quantidade de material às miofibrilas encontradas no interior do sarcômero, assim como o aumento de todas as estruturas necessárias para que a fibra muscular possa funcionar de maneira adequada. Isso causará um aumento do volume total do tecido, um aumento da capacidade contrátil e, por consequência, da força e da resistência musculares.

Não só os exercícios com pesos podem causar alterações morfológicas no músculo. Outros tipos de estímulos também podem ser eficientes para o desenvolvimento tecidual, entre os quais está a tensão imposta pelos exercícios de alongamento.

2.4 Respostas musculares ao exercício de alongamento

Tanto o estímulo de alongamento de um músculo quanto o estímulo de manutenção em uma posição encurtada (por exemplo, postura incorreta) podem causar alterações morfológicas no tecido muscular. Essas alterações são causadas a partir do mesmo princípio de adaptação. O tamanho e a velocidade de tais modificações dependem da magnitude e do tempo de aplicação dos estímulos.

Quando um músculo é continuamente exposto a uma condição em que ele fica encurtado, como uma postura inadequada (protração dos ombros de quem fica muito tempo na frente do computador) ou o uso de sapatos de salto alto por longos períodos (no caso dos músculos da panturrilha), os sarcômeros desses músculos são mantidos em posição mais encurtada, e perdem continuamente sua eficiência. Quando exigidos, em qualquer tipo de movimento, deverão gastar muito mais energia e não produzirão uma tensão adequada. Perde-se, assim, muito da eficiência muscular.

Imagine que existe um músculo teórico, e que este possui apenas três sarcômeros. Isso está representado na parte superior da Figura 2.20. Quando ele está em um comprimento normal, sua eficiência é máxima e o músculo consome pouca energia em cada uma das contrações realizadas. Entretanto, esse músculo agora é submetido a permanecer em uma posição de relativo encurtamento, como o que acontece no peitoral menor de pessoas que passam muitas horas à frente do computador.

Esse músculo terá seus sarcômeros posicionados de forma encurtada e o número de conexões (pontes cruzadas) vai se reduzir, deixando o músculo menos eficiente (maior gasto energético e menor produção de força). Qual é a solução? Reduzir o número de sarcômeros.

Perceba, na parte inferior da Figura 2.16, que um dos sarcômeros foi destruído. Porém, os que restaram precisaram retornar ao seu tamanho ótimo, retomando a eficiência muscular. Entretanto, isso tem consequências, e a principal delas é que o comprimento total do músculo acaba reduzido. É o que chamamos de **encurtamento muscular**.

Figura 2.16 Redução de sarcômeros no músculo

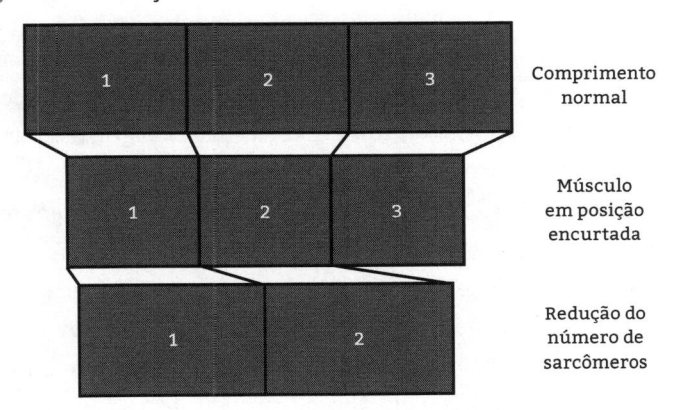

1	2	3	Comprimento normal
1	2	3	Músculo em posição encurtada
1	2		Redução do número de sarcômeros

A imagem mostra o efeito de redução do número de sarcômeros (atrofia) em razão da manutenção do comprimento muscular em uma posição de relativo encurtamento. O mesmo princípio se aplica para explicar os efeitos dos exercícios de alongamento na restauração do comprimento muscular ideal. Músculos que são continuamente submetidos ao estresse do alongamento ficam expostos a comprimentos maiores que o ideal.

Isso gera uma série de reações que culminam com a adição de mais sarcômeros ao tecido, aumentando seu comprimento e fazendo retornar sua funcionalidade. Fica claro, desse modo, que o músculo é um tecido altamente adaptável, modificando suas características para melhor cumprir com as tarefas que lhe são impostas.

2.5 Outros aspectos mecânicos do tecido muscular

Além dos importantes aspectos discutidos nos tópicos anteriores, a respeito das características mecânicas do tecido muscular, não podemos deixar de destacar aqueles que têm relação com as deformações causadas pela imposição de cargas mecânicas, como a característica viscoelástica do tecido e sua histerese.

O tecido muscular se comporta de maneira elástica e viscosa simultaneamente. Um material é considerado elástico quando se deforma com a imposição de uma determinada carga e retorna ao comprimento quase original quando essa mesma carga é retirada. Na verdade, vários outros tecidos vivos apresentam tal comportamento, como o tecido adiposo e a pele, porém em taxas diferentes. No caso do tecido muscular, a sua estrutura microscópica (como os filamentos de titina e as pontes cruzadas actina-miosina), bem como sua estrutura macroscópica (como o conteúdo e o movimento de água na fibra), contribuem para tal efeito. Sendo assim, quando um determinado movimento ou exercício é realizado, fica clara a existência de uma deformação, que se encerra com a finalização do movimento.

Entretanto, essa deformação não é apenas dependente da carga imposta, mas também do tempo em que a carga fica presente. A permanência de cargas sobre o tecido faz com que certo "rearranjo" aconteça. A disposição dos fluidos e das ligações entre as miofibrilas se modifica, alterando a forma do músculo. Essa alteração causada pela imposição de cargas ao longo de um tempo recebe o nome de *viscosidade*.

Desse modo, **viscoelasticidade** é a capacidade que o tecido muscular tem de se deformar com a imposição do estresse, sendo essa deformação diretamente dependente da flexibilidade apresentada por esse músculo (Thacker et al., 2004) e do tempo de aplicação da carga (característica viscosa). Quando a carga é retirada, um tecido com capacidade viscoelástica retorna ao seu tamanho quase original (característica elástica).

Se o tamanho da carga não for grande, essas alterações também não são. Mesmo que sejam impostas por um relativo período de tempo, as modificações nesse sentido são consideradas apenas alterações (ou deformações) de ordem elástica, ou seja, dentro do limite da elasticidade (capacidade de retornar após a retirada da carga). Entretanto, se a carga ultrapassar uma certa magnitude, o tecido pode sofrer pequenas rupturas em sua microestrutura, e o retorno ao tamanho quase original não é mais possível. Formam-se, então, as microlesões – pequenas deformações no sarcômero, geralmente ao nível da linha Z, as quais requerem tempo para serem reparadas e remodeladas.

Quando isso acontece, a carga imposta foi maior do que a capacidade elástica do tecido e uma alteração de ordem plástica foi verificada. Observe a imagem a seguir, na qual as deformações elásticas e plásticas estão indicadas como a primeira e segunda fase da curva, respectivamente.

Figura 2.17 Curva de estresse-deformação

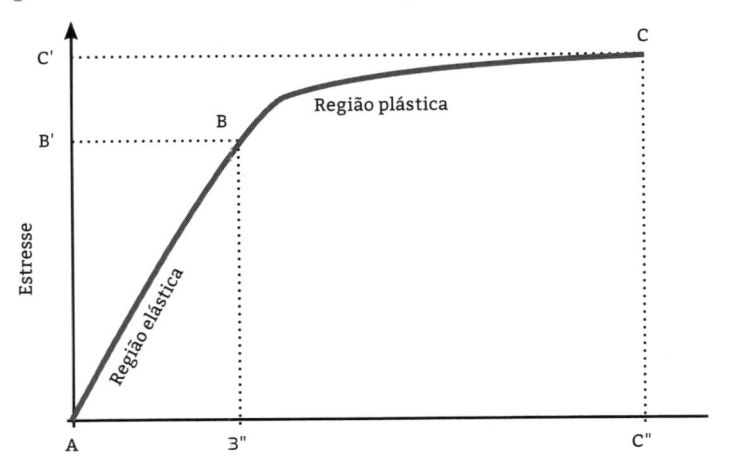

A imagem mostra a curva de estresse-deformação apresentada pelo tecido muscular, na qual, num primeiro momento, apenas deformações elásticas são verificadas (por exemplo, exercícios). Logo depois, algumas deformações plásticas são encontradas (por exemplo, microlesões). Perceba que, na Figura 2.17, a deformação entre a letra A e B (horizontal) é reversível (elástica), enquanto a deformação entre B e C (horizontal) deixará sequelas (microrrupturas teciduais) e exigirá um tempo para que o reparo e a remodelação muscular aconteçam (plástica).

Em geral, os exercícios e as atividades esportivas geram uma grande quantidade de deformações elásticas, em razão dos movimentos realizados pelas articulações. Dependendo da intensidade e do volume, causam algumas deformações plásticas. É fácil verificar a ocorrência de grandes quantidades de deformações plásticas no tecido muscular, pois o processo de reparo e de remodelação, por envolver uma ação inflamatória local, causa dor nos dias que se seguem. Esse efeito é conhecido como *dor muscular de início tardio*. Sendo assim, quando existe dor muscular após a realização de atividades – geralmente com maior intensidade e/ou volume –, é necessário se respeitar um certo tempo de repouso para que o organismo consiga consertar os danos causados pelo exercício nesse tecido.

Note que, ao longo dessa explicação, a expressão *quase original* foi utilizada inúmeras vezes para exemplificar a elasticidade muscular. Isso é necessário porque não existe qualquer tipo de tecido 100% elástico, e toda deformação causada não pode ser completamente restaurada. Sendo assim, sempre existe uma perda. A magnitude e o tipo dessa perda (causada por alterações elásticas e/ou plásticas) podem variar muito e estão diretamente relacionadas à capacidade do tecido de suportar o estresse. Essa perda acontece na forma de calor e recebe o nome de **histerese**.

Figura 2.18 A histerese de um tecido muscular

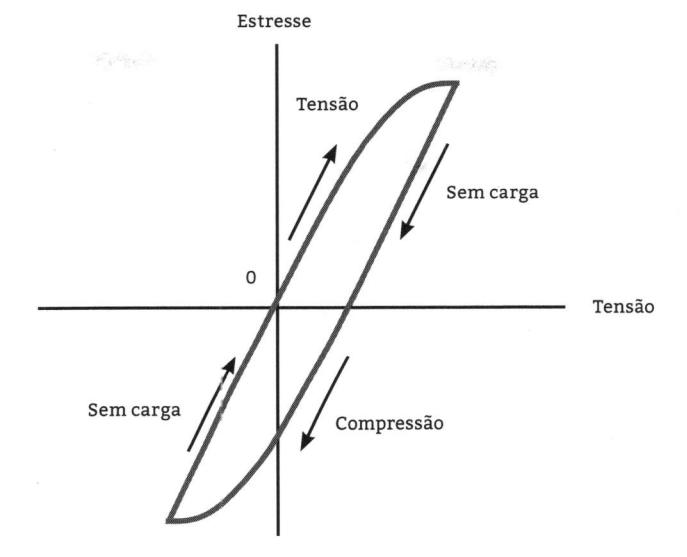

Observe na imagem que a deformação durante a imposição da tensão não acontece da mesma forma que o seu retorno (sem carga), independentemente do tipo de estresse aplicado (tensão ou compressão). A histerese pode ser medida se contabilizarmos a área entre as curvas de deformação e retorno do tecido, e acaba explicando as deformações residuais encontradas – por exemplo, após a prática de exercícios de alongamento, que duram poucos minutos, mas permanecem por horas após seu encerramento.

⦁⦁⦁ *Síntese*

Com base nas informações apresentadas neste capítulo, fica claro que o tecido muscular apresenta certos comportamentos mecânicos relacionados a aspectos físicos e elétricos, os quais podem influenciar e ser influenciados pela prática sistematizada de atividades físicas. Para que a prescrição de tais atividades seja feita de forma coerente e eficiente, é necessário inicialmente compreender como funciona o mecanismo de contração muscular e todos os aspectos de seu controle de forma voluntária. Além dessas características de controle (neuromusculares), o tecido também apresenta importantes qualidades mecânicas que acabam influenciando diretamente a produção da força muscular e sua capacidade de suporte aos estresses interno e externo, como aquele ao qual ele é submetido durante a prática de atividades esportivas.

Compreender tais comportamentos – como as adaptações neuromusculares no treinamento resistido, as deformações elásticas e plásticas causadas pela musculação, ou, ainda, os limites suportáveis para imposição de cargas – dá aos profissionais da educação física uma melhor condição de organizar e prescrever rotinas de treinamento, independentemente do nível e do objetivo do aluno envolvido.

Também destacamos os seguintes tópicos:

- O tecido muscular estriado esquelético é controlado de forma voluntária, sendo essa característica o grande diferencial para os outros tipos de tecido muscular encontrados em nosso organismo.
- A produção de força desse tecido depende também de capacidade mecânica, determinada pelo número de pontes cruzadas entre os miofilamentos de actina e miosina, no interior da fibra muscular, e que está diretamente ligada à posição do músculo em determinado ponto do arco de movimento.
- Essa produção de força em razão da posição do músculo (mais alongado ou encurtado) não é fixa, sendo possível existir aumentos ou reduções, dependendo das adaptações sofridas pelo tecido em razão da prática de exercícios, da ostura ou do sedentarismo.
- Entretanto, antes de alterações morfológicas serem verificadas no tecido, alterações neuromusculares são a primeira modificação importante causada pela prática

sistematizada de atividades físicas, sendo essa informação fundamental para profissionais da saúde (professores de Educação Física e fisioterapeutas) que trabalham com a melhora ou a recuperação do desempenho muscular.

■ Atividades de autoavaliação

1. O mecanismo de contração muscular é dependente de vários fatores neurais e mecânicos. Assinale a alternativa que apresenta uma afirmação correta sobre os fatores envolvidos com os aspectos neurais:

    a) A despolarização da membrana da fibra muscular acontece após a liberação da acetilcolina na unidade motora, que incentiva a abertura dos canais de sódio no sarcolema e, por consequência, a entrada de uma grande quantidade desse íon na fibra, modificando o potencial elétrico da membrana.

    b) A repolarização da membrana é um processo passivo, ou seja, ocorre sem a necessidade de gasto de energia, tendo como consequência a modificação do potencial da membrana que, agora, passará a apresentar polaridades similares em sua face interna e externa.

    c) A quantidade de força muscular é parcialmente determinada pela intensidade do estímulo neural recebido nas unidades motoras do músculo que se deseja movimentar, sendo maior quanto menor for a frequência dos disparos elétricos verificados.

    d) A contração dos músculos envolvidos na tarefa continuará acontecendo enquanto três importantes aspectos forem verificados: a presença de quantidades adequadas de Ca2+ no exterior da fibra muscular, disponibilidade de ATP para a realização da sinapse neuromuscular e acetilcolina para a geração de energia na cabeça da molécula de miosina no interior do sarcômero.

2. Observe a imagem a seguir, que representa a relação entre o comprimento do sarcômero e sua capacidade de produzir tensão, e assinale a alternativa correta:

Gráfico 1 Relação comprimento-tensão do sarcômero

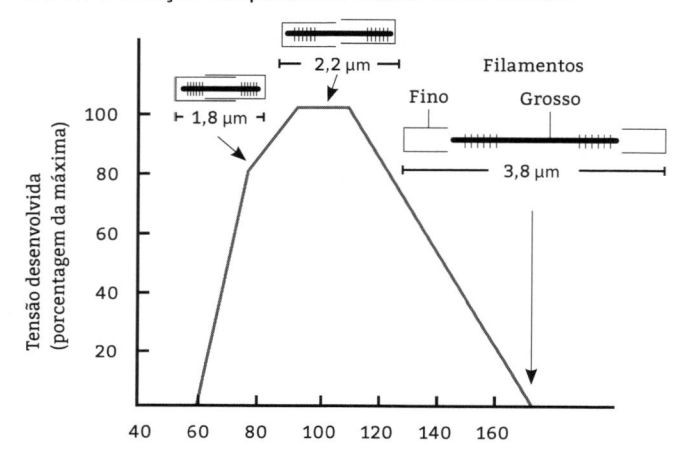

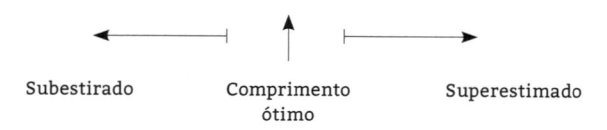

Fonte: Alencar; Matias, 2010.

a) As informações presentes na imagem são capazes de explicar a razão pela qual, num movimento de flexão do joelho em pé, é praticamente impossível tocar o calcanhar no glúteo sem auxílio de força externa, efeito conhecido como *insuficiência ativa*, causado pela sobreposição dos filamentos contráteis em situações de grande encurtamento muscular.

b) Ao contrário de posições de grande alongamento, posições de grande encurtamento aumentam significativamente a capacidade contrátil muscular.

c) Segundo as informações que constam na imagem, é possível afirmarmos que, em atividades explosivas, como lançamentos e arremessos, a potência gerada é alta em razão da grande velocidade de contração, tendo em vista que a força muscular tende a ser reduzida.

d) Especificamente na contração do tipo excêntrico (parte à direita da imagem), em razão de um grande encurtamento do sarcômero, a capacidade de gerar tensão muscular aumenta à medida que a velocidade do movimento é gradativamente reduzida.

3. Com respeito às possíveis adaptações neurais musculares, verificadas após o início de um programa de exercícios físicos e suas relações com a produção de força muscular, assinale a alternativa correta:

   a) O *deficit* bilateral é verificado especialmente em indivíduos altamente treinados e experientes na prática de exercícios. Ele acontece quando a força muscular desenvolvida num exercício bilateral (por exemplo, extensão de joelhos simultâneos) supera a força gerada quando os membros são exercitados individualmente (por exemplo, extensão de joelhos unilateral) e a força individual de cada membro somada (direito + esquerdo).

   b) O efeito de educação cruzada pode ser definido como uma modificação no programa presente no córtex motor e que permite uma otimização na função muscular. Esse programa, mesmo que desenvolvido apenas para um dos membros, pode ser parcialmente utilizado pelo membro homólogo, sendo esse efeito verificado por um aumento na força do membro contralateral e que não sofreu nenhum tipo de intervenção (treinamento).

   c) A melhora da coordenação intramuscular ocorre quando músculos sinergistas (que se opõe a um mesmo movimento) começam a ser ativados em instantes diferentes durante a execução de um determinado exercício, enquanto a melhora intermuscular tem relação com a sincronia de ativação de todas as fibras e todos os fascículos encontrados em cada um dos músculos envolvidos na atividade.

d) Após o início de um programa organizado de atividades físicas, a primeira modificação visível diz respeito ao aumento da massa muscular (hipertrofia), sendo essa alteração seguida por melhoras nos mecanismos no controle (adaptações neurais).

4. A realização de atividades físicas ou mesmo a ausência delas causa modificações também morfológicas (físicas) no tecido muscular exercitado. Essas alterações interferem na capacidade de produção de força, na elasticidade e na potência do tecido. Desse modo, é correto afirmar:

a) A adoção de uma postura inadequada – como o posicionamento de uma articulação que exija que o músculo fique permanentemente encurtado – causa modificações no tecido. Essas modificações servem para reduzir a eficiência muscular e, nesse exemplo, causarão o aumento do comprimento linear das fibras desse músculo.

b) Do mesmo modo como no exemplo anterior, o posicionamento de um músculo em uma condição de relativo alongamento induz mudanças no comprimento muscular, bem como redução do número de sarcômeros em paralelo e atrofia (redução do volume total de tecido).

c) A imposição de grande tensão sobre o músculo durante uma atividade física pode levar o tecido a sofrer pequenas rupturas (microlesões). Essas deformações precisam de um tempo e de um processo inflamatório local para serem corrigidas, sendo que, durante esse processo, uma dor localizada pode ser verificada.

d) Quando deformações elásticas são causadas no tecido, é necessário um tempo relativamente longo (dias ou até semanas) para que o músculo possa recuperar sua forma original. Porém, independentemente da magnitude dessas deformações, devido à elasticidade do tecido, existe uma recuperação completa do seu tamanho e forma original.

5. O que explica a necessidade que o músculo tem de adicionar e retirar sarcômeros organizados em séries, dentro de suas fibras?

a) Na verdade, essa é uma afirmação equivocada, pois nunca acontecem modificações significativas no comprimento linear do músculo, o qual poderia ser influenciado pela inclusão ou pela retirada de sarcômeros organizados em séries. As maiores modificações são verificadas no sentido transversal.

b) Isso é necessário, pois o músculo não consegue manter todos os sarcômeros intactos e, em razão das microlesões geradas nos exercícios, é preciso renová-los constantemente.

c) Para que exista uma renovação sempre contínua dos tecidos, pois sarcômeros antigos vão perdendo a capacidade de produzir tensão pelo simples fato de estarem envelhecidos, e isso reduz a eficiência muscular.

d) A manutenção de um comprimento muscular que seja o mais eficiente possível para os movimentos que se deseja realizar, ou seja, se o músculo está exposto constantemente a grandes amplitudes, ele precisa ser mais longo; se ele trabalha sempre encurtado, ele precisa ser menor.

■ Atividades de aprendizagem

Questões para reflexão

1. Imagine que você está em uma academia executando um exercício qualquer de musculação. O professor, de repente, faz a indicação que a amplitude de movimento que você deveria realizar e que o alongamento do músculo no final da fase excêntrica deveriam ser o maior possível. Ele justifica isso dizendo que, assim, o exercício fica mais eficiente. Observando os conceitos apresentados neste capítulo, isso seria verdade? O que justificaria tal afirmação?

2. Um professor de Educação Física precisa saber prescrever e também motivar o aluno durante a prática de exercícios. Parte dessa motivação vem dos resultados que ele obtém com essa prática. Entretanto, é comum verificarmos que, ao longo do tempo, esses ganhos vão perdendo velocidade, e fica cada vez mais difícil para o aluno continuar evoluindo. Na musculação, por exemplo, a força muscular evolui numa taxa cada vez mais lenta. Como explicar isso ao aluno? Como fazê-lo compreender esse aspecto importante da adaptação muscular ao exercício com pesos?

Atividade aplicada: prática

1. Vamos agora colocar em prática cada um dos aspectos citados no transcorrer deste capítulo. Faça uma revisão rápida de cada um dos tópicos apresentados e anote, em um diário de treino, todos aqueles que fazem referência à realização de exercícios (a influência do comprimento muscular na produção de força, a tensão gerada pelos tecidos passivos etc.). Anote esse conteúdo na forma de tópicos. Observe, depois, cada um desses tópicos: Quantos deles você realmente analisa quando está realizando o seu exercício? Quantas dessas informações você leva em consideração para tornar a sua prática mais segura e eficiente?

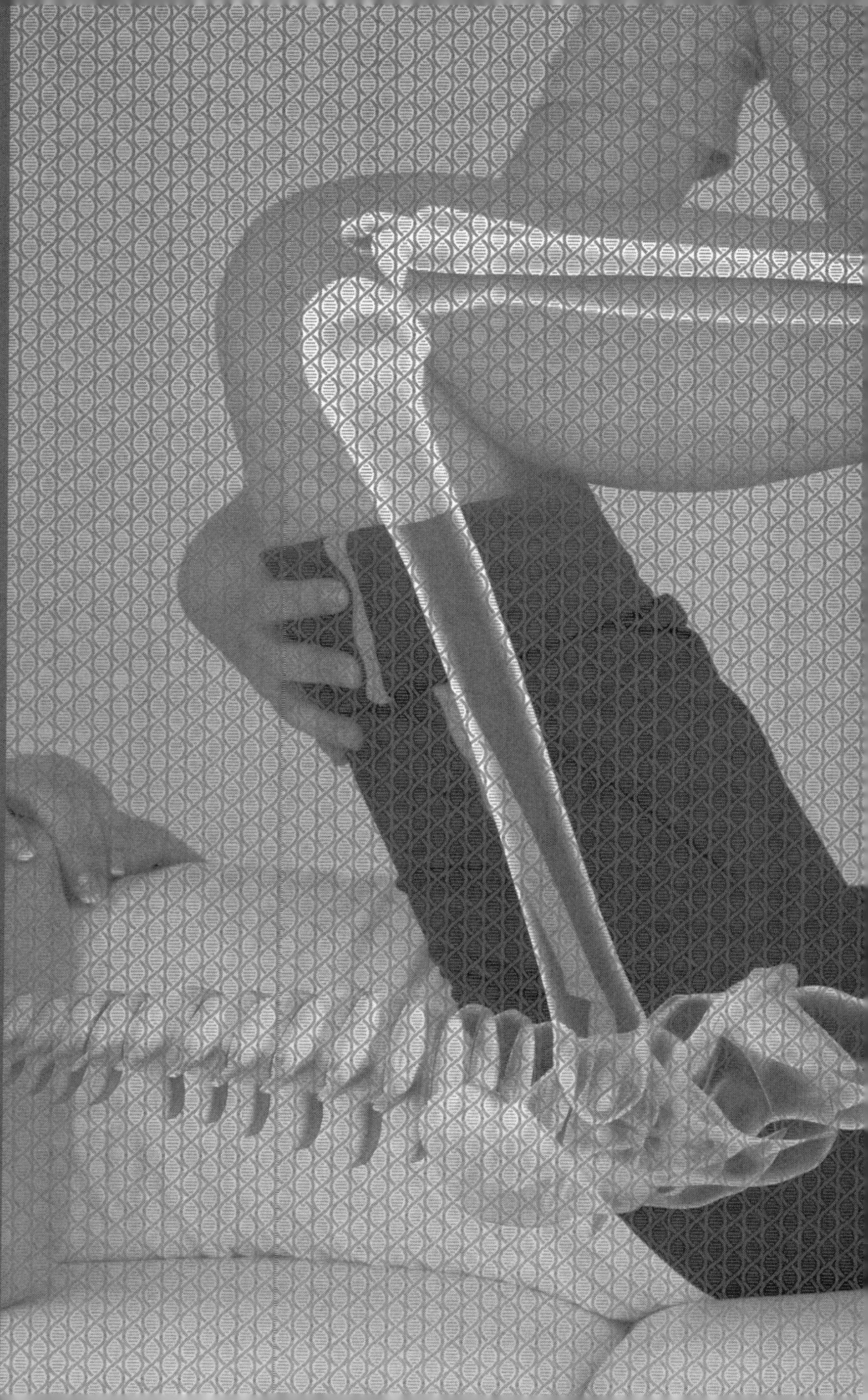

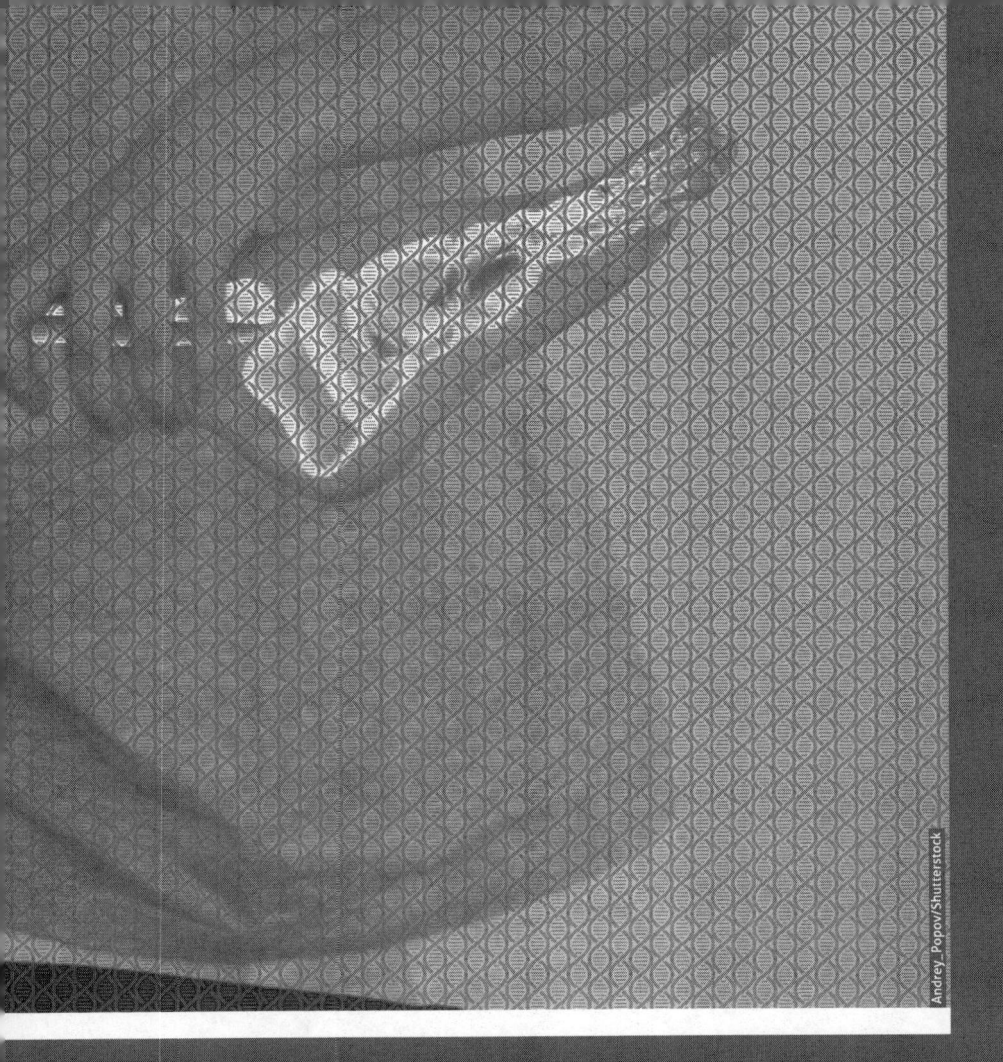

Capítulo 3

Biomecânica dos tecidos ósseo e conjuntivo

Neste capítulo serão discutidos aspectos de dois diferentes tipos de tecidos presentes dentro de nosso organismo e que são fundamentais para a produção de movimento, assim como para a vida como um todo: o tecido ósseo e o tecido conjuntivo. Apesar de tratarmos o termo *tecido ósseo* no singular, demonstraremos que existem, pelo menos, dois diferentes tipos de tecido ósseo presente dentro de nosso esqueleto, sendo que cada um deles apresenta características mecânicas particulares.

Esse tecido, apesar de parecer estático e inanimado, é extremamente dinâmico e mutável. Essas mudanças em sua conformação e suas características dependem de como o estresse mecânico é imposto sobre o esqueleto.

O tecido conjuntivo também será foco de nossas discussões neste capítulo. Esse tecido pode assumir diferentes conformações e ter diferentes funções, como ser responsável por suportar tração (tendões e ligamentos), dissipar forças e acumular energia elástica, além de manter a organização da estrutura muscular (fáscias) e receber estresses compressivos (discos intervertebrais).

Ao final de todas essas discussões, será possível compreender a importância da atividade física para a saúde óssea e articular, assim como quais são os principais cuidados que devem ser tomados com a forma, a frequência e a intensidade dos exercícios para que tais tecidos não sofram deformações e lesões desnecessárias.

3.1 Tipos de tecido ósseo e suas funções

Apesar de parecer inanimado, o tecido ósseo é uma das estruturas mais dinâmicas existentes dentro de nosso corpo. Com uma alta capacidade de adaptação ao estresse imposto pelo ambiente, nosso esqueleto é capaz de se modificar de acordo com a demanda do organismo, evoluir e ficar cada vez mais denso e eficiente.

O esqueleto tem a responsabilidade de produzir as células vermelhas que fazem parte de nosso sangue, função conhecida como *hematopoiese*, a qual acontece na medula dos ossos longos, como o fêmur e o úmero. Nosso esqueleto também é uma grande reserva de cálcio, micronutriente fundamental para a manutenção da vida e importante em uma série de reações químicas. Quando necessário, é possível retirar parte do cálcio estocado no esqueleto para restabelecer o equilíbrio do resto do organismo.

E, por último, o esqueleto tem importantes funções mecânicas, como dar sustentação ao corpo, proteger e facilitar os movimentos (Hall, 2016). A função de movimento é de grande interesse para a área da atividade física, pois o esqueleto funciona como um grande conjunto de alavancas que, presas ao tecido muscular, multiplicam sua força gerando torques ao redor das articulações e permitindo movimentos potentes e eficientes, como aqueles necessários para nossa locomoção ou para práticas de atividades diárias e esportivas.

Existem vários formatos de ossos em nosso corpo e cada forma acaba sendo adequada para a realização de tarefas específicas. Observe a figura a seguir.

Figura 3.1 Diferentes formatos ósseos

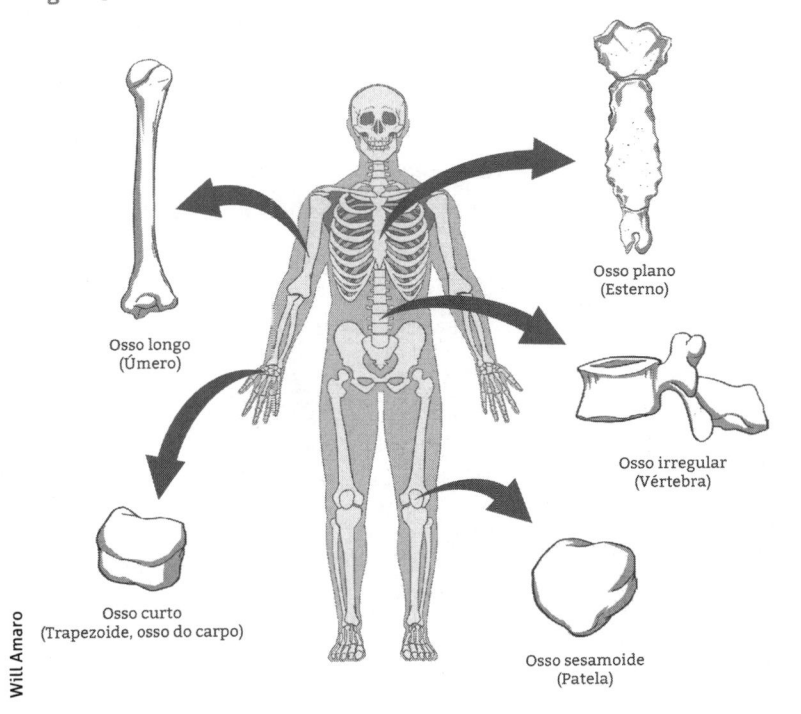

Osso plano (Esterno)

Osso longo (Úmero)

Osso irregular (Vértebra)

Osso curto (Trapezoide, osso do carpo)

Osso sesamoide (Patela)

Will Amaro

Ossos como o úmero (do nosso braço) são eficientes alavancas, pois são como hastes rígidas e longas que permitem a geração de grandes torques articulares, permitindo a execução de movimentos com grande potência. Ossos curtos (como os da nossa mão) propiciam a geração de movimentos delicados e precisos, como aqueles necessários para escrever ou tocar um instrumento. O esterno já se apresenta como um osso plano que, unindo várias costelas, acaba dando proteção à caixa torácica, amparando órgãos vitais como o coração e os pulmões. As vértebras, com seu formato irregular, além de ter uma grande capacidade de sustentar carga em seu corpo vertebral (área que tem contato com o disco intervertebral), propicia a geração de uma série de movimentos, já que suas estruturas posteriores, os processos espinhosos, prendem-se a diferentes músculos, o que possibilita a execução de inúmeros movimentos em várias direções diferentes.

> *O esqueleto funciona como um grande conjunto de alavancas que, presas ao tecido muscular, multiplicam sua força gerando torques ao redor das articulações e permitindo movimentos potentes e eficientes.*

Ossos sesamoides, como a patela, são pequenos ossos encontrados dentro de alguns tendões. Eles acabam ajudando a gerar apoio extra e diminuem o estresse que outros tecidos podem acabar recebendo. No caso da patela, ela funciona aumentando o braço de alavanca e produzindo maior torque na extensão do joelho, além de ter também uma ação protetiva, reduzindo a magnitude dos impactos que possam acontecer nessa região (Behnke, 2014).

Além das diferenças nos formatos, os ossos também se diferem quanto à arquitetura interna (Figura 3.2). Isso define sua capacidade de suportar estresses, já que, dependendo de sua função e localização, a quantidade e o sentido do estresse aplicado sobre a estrutura variam consideravelmente. Existem, basicamente, dois tipos de tecido ósseo: o osso trabecular (ou esponjoso, ou poroso) e o cortical (ou compacto).

Figura 3.2 Tipos de tecido ósseo

Variedades anatômicas

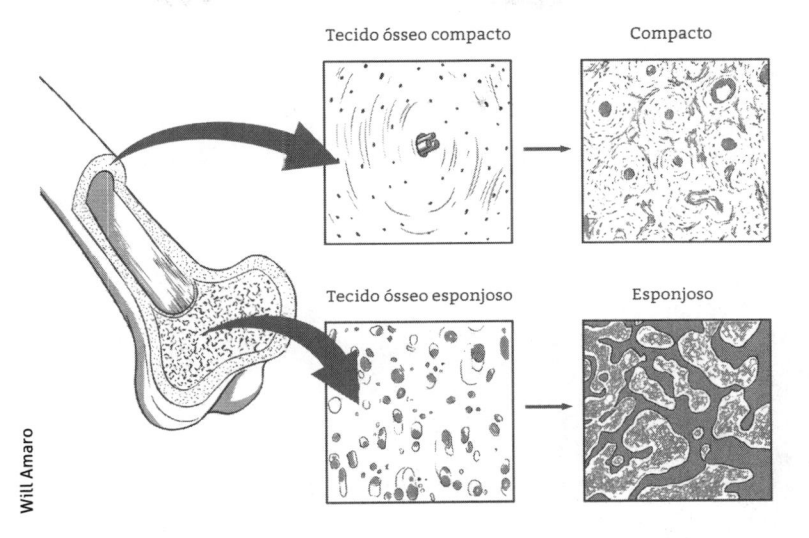

Tecido ósseo compacto — Compacto

Tecido ósseo esponjoso — Esponjoso

Will Amaro

A imagem mostra as diferenças na constituição e na localização dos diferentes tipos de tecido ósseos dentro do osso. O osso trabecular é encontrado na parte interna e nas epífises (extremidades) ósseas, possui bastante material orgânico (de 30% a 90%), são altamente deformáveis e, por isso, apresentam grande capacidade de suportar e dissipar cargas mecânicas (estresse) quando impostas (Hall, 2016). Essa estrutura é fundamental na absorção dos impactos gerados pela locomoção ou mesmo por atividades esportivas, pois protege parcialmente as articulações e outras estruturas. Isso ainda acaba permitindo que o osso como um todo seja também muito mais leve, o que reduz a quantidade de energia muscular necessária para gerar qualquer tipo de movimento, pois sua inércia é reduzida. O osso cortical é encontrado na parte externa e nas diáfises (parte central do osso), é muito mais rígido e com menor quantidade de material não mineralizado (de 5% a 30%), o que acaba deixando-o ele muito adaptado para resistir à compressão e transmitir a força gerada no tecido muscular (Hall, 2016).

A proporção dos dois tipos de tecido ósseo (trabecular e cortical) não é exata nem fixa, sendo diretamente dependente dos estresses que o osso recebe ao longo da vida e de como ele se adapta a isso. Desse modo, o tecido ósseo pode estar em constante modificação, sendo sempre o mais leve e eficiente para cumprir com a tarefa que lhe é determinada.

3.2 Tecido ósseo e estresse mecânico

O nosso esqueleto pode receber os mais variados tipos de estresse nas mais diferentes direções. Portanto, ele deve estar apto para suportar tais cargas mecânicas e continuar mantendo sua integridade física e arquitetura interna.

É possível distinguirmos quais são as possíveis cargas mecânicas que se impõem sobre o tecido, bem como identificar qual delas é capaz de causar maior ou menor deformação na estrutura óssea. Confira na imagem a seguir.

Figura 3.3 Tipos de estresse mecânico aplicados sobre o tecido ósseo

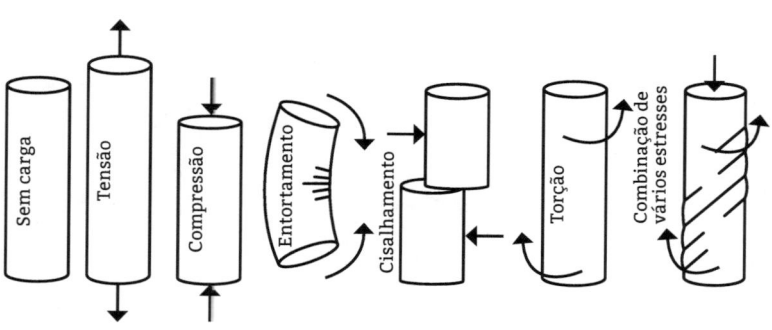

Sem carga | Tensão | Compressão | Entortamento | Cisalhamento | Torção | Combinação de vários estresses

O estresse mais comum que o tecido ósseo pode receber é o **compressivo**. Ele acontece quando as cargas são impostas de forma a tentar compactar o osso. O estresse compressivo é verificado em grandes quantidades quando estamos sentados, em pé ou durante a locomoção. Por ser tão comum, o osso acaba tendo uma grande adaptação e aumenta sua capacidade de suportar tal tipo de imposição de carga.

Exatamente ao contrário do estresse compressivo, o **estresse de tração** é imposto quando o osso tende a ser tracionado – quando, por exemplo, realizamos atividades com velocidade e um dos membros é movido com rapidez, como um chute no futebol. Quando realizamos alguns tipos de exercícios, como uma barra fixa, nossa coluna acaba recebendo grande quantidade desse tipo específico de estresse.

Além desses dois tipos, existe ainda o **estresse de entortamento**, quando o osso tende a ser dobrado. Esse estresse é imposto, por exemplo, em cada uma das vértebras quando realizamos uma flexão anterior do tronco, ou quando caminhamos e nosso corpo todo, com o pé apoiado no chão, passa por sobre a tíbia, que recebe tal tipo de sobrecarga mecânica. Outra forma de impor cargas mecânicas ao tecido ósseo é realizar estresse de torção, em que parte do osso é rodado para um lado e parte rodado para o outro. Utilizando o mesmo exemplo da coluna e das vértebras, isso acontece quando fazemos uma rotação do tronco para um dos lados, como num movimento de *swing* do golfe ou rebatida no beisebol. Em ossos longos, é comum esse tipo de estresse causar uma fratura em formato espiral, devido à característica de imposição da carga mecânica (Diniz et al., 2005).

Finalmente, o último tipo de estresse que o tecido ósseo poderia receber é o de **cisalhamento**. Nesse estresse, cargas com sentidos opostos são aplicadas simultaneamente, como quando batemos com o osso em uma superfície mais rígida.

A área do osso que entra em contato com essa superfície recebe a força de reação do objeto, enquanto a outra parte tende a continuar o movimento. De todas as forças possíveis, essa é a mais difícil de ser suportada pelo tecido e também a que mais causa lesão óssea.

Gráfico 3.1 Limite de estresses ósseos

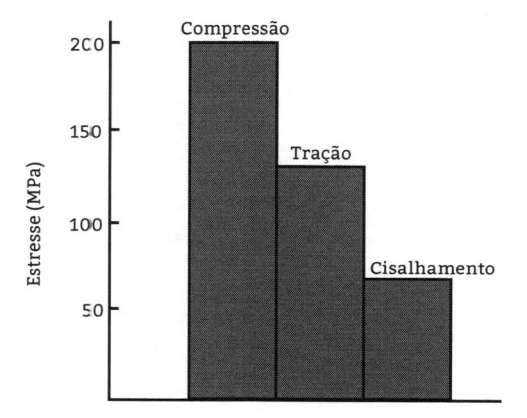

[Gráfico de barras mostrando: Compressão ≈ 200 MPa, Tração ≈ 130 MPa, Cisalhamento ≈ 70 MPa. Eixo Y: Estresse (MPa)]

O Gráfico 3.1 detalha a quantidade necessária de diferentes tipos de estresse para provocar uma fratura óssea. Como o osso é um tecido que se adapta ao estresse recebido e fica cada vez melhor para suportar tal tipo de carga, a compressão – estresse mais comum – acaba sendo o tipo de força ao qual o osso melhor responde. Entretanto, como o estresse de cisalhamento é menos usual, o osso tem menos capacidade de suportar, sendo que a quantidade de força necessária para causar uma fratura por imposição de compressão é quase quatro vezes maior do que a necessária para fraturar por cisalhamento.

Apesar de estudarmos os estresses de forma separada, é sabido que eles acontecem de forma combinada, sendo a carga real imposta sobre o osso um conjunto de diferentes tipos de estresse de diferentes magnitudes.

3.3 Crescimento e remodelação óssea

O crescimento e a remodelação do tecido ósseo são dependentes de vários fatores. Dentre eles, os mais importantes são a secreção hormonal, a dieta e os estresse físico. Não é possível precisar qual desses fatores é o mais importante para a saúde do tecido, pois todos são fundamentais. Cada um deles permite que diferentes estímulos sejam gerados para que o crescimento e/ou a remodelação óssea possa acontecer.

Em situações em que um ou mais desses fatores são inadequados, temos uma clara supressão do desenvolvimento tecidual. Caso isso se prolongue por grandes períodos de tempo, pode ser bastante prejudicial ao indivíduo. Um exemplo de supressão de uma adequada secreção hormonal pode ser visto em mulheres pós-menopausa, pois a redução drástica e abrupta de alguns hormônios pode levar ao desenvolvimento, em casos mais graves, de osteopenia ou até de osteoporose. Crianças com dieta inadequada durante fases críticas do crescimento acabam tendo sua estatura reduzida, ou mesmo pessoas que não consomem quantidades mínimas adequadas de cálcio podem ter problemas na quantidade e qualidade de mineralização óssea.

Indivíduos sedentários que não se expõem a estresse mecânico adequado e controlado (por exemplo: caminhada, corrida, musculação, esportes etc.) acabam não conseguindo manter uma adequada densidade mineral óssea e, por consequência, podem apresentar no futuro (por exemplo, na terceira idade) problemas relativos a essa deficiência. Em casos mais específicos, astronautas que permanecem por muitos meses em condições de gravidade zero (o que reduz muito o estresse mecânico sobre os ossos) podem apresentar casos de acelerada desmineralização, o que deve ser recuperado por processos de fisioterapia e reabilitação após o retorno à Terra.

Entendendo a importância desses fatores na manutenção da saúde óssea, discutiremos aqui qual é a influência específica do estresse mecânico (carga) sobre o crescimento e a remodelação óssea, já que hormônios e dietas acabam sendo tratados em outras disciplinas (por exemplo, na fisiologia do exercício e na nutrição). Para entendermos como uma carga mecânica pode ser transformada em estímulo ao aumento da densidade mineral óssea, primeiramente devemos entender quais são as células responsáveis por essa manutenção do tecido.

Existem, basicamente, dois tipos de células que constantemente colocam e retiram material mineralizado do tecido ósseo: os **osteoblastos** e os **osteoclastos** (conforme mostra a Figura 3.4, a seguir). Essas células trabalham de forma contínua por toda a vida do indivíduo, sendo que a mudança ocorre na quantidade e na velocidade de trabalho de cada uma delas.

Os osteoblastos realizam a **mineralização** do tecido ósseo. Sendo assim, quanto maior a atividade desse tipo de célula, maior é a taxa de mineralização óssea. Já os osteoclastos atuam realizando a **desmineralização** e, por consequência, a redução do volume do tecido. E é justamente a relação entre a atividade dessas duas células que vai determinar em grande parte o que acontece no nosso esqueleto. Se os osteoblastos tiverem uma atividade mais intensa do que os osteoclastos, é verificado o crescimento tecidual, assim como acontece na infância e na adolescência. Isso só é possível de maneira adequada se todos os fatores (hormonal, dietético e mecânico) forem adequados.

Nessas condições, o crescimento será normal e a estatura atingida pela criança ou adolescente será aquela previamente definida geneticamente. Não é possível manipular o volume e o tipo da dieta ou o volume e a intensidade de exercícios de forma a "incentivar" o crescimento. Por muito tempo se defendeu uma ideia de que crianças que comem mais e/ou são mais ativas seriam significativamente mais altas do que outras que têm uma dieta e um nível de atividade física "normais". Isso é um equívoco, pois não existem evidências na literatura que sustentem tal afirmação (Silva et al., 2004). O que ocorre é que crianças que têm uma dieta deficiente e/ou volumes altíssimos de atividade física (como aquelas que começam a realizar atividades laborais intensas de forma precoce) podem ter parte do crescimento suprimido. Mesmo crianças submetidas à prática esportiva intensa de forma precoce, caso se respeite um tempo ideal de intervalo entre as sessões de treinamento e a dieta for condizente com o esforço, raramente apresentarão supressão do crescimento.

Voltando à relação entre osteoblasto e osteoclasto, se o segundo apresentar uma taxa de trabalho mais alta que o primeiro, verificamos uma gradativa redução do volume ósseo e, por consequência, diminuição da densidade mineral. Isso é esperado em mulheres pós-menopausadas e homens pós-andropausados. Entretanto, em idosos saudáveis, mesmo essa redução da taxa de mineralização do esqueleto não deveria levar à ocorrência de patologias associadas à redução do material ósseo (Hall, 2016).

Figura 3.4 Ação dos osteoblastos e dos osteoclastos

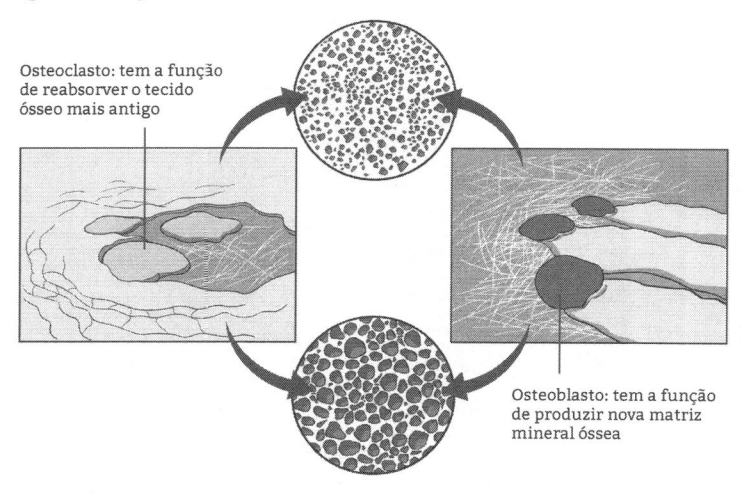

Osteoclasto: tem a função de reabsorver o tecido ósseo mais antigo

Osteoblasto: tem a função de produzir nova matriz mineral óssea

Will Amaro

A imagem mostra a ação dos osteoblastos na construção do tecido ósseo, bem como a ação dos osteoclastos na reabsorção deste. Entendendo que o incentivo à atividade dos osteoblastos acaba sendo fator determinante para a síntese do tecido, vamos agora compreender como o exercício físico sistematizado pode ser um incentivador de tal condição.

Além das células citadas anteriormente, o tecido ósseo é também formado por uma **matriz óssea**, que possui uma parte orgânica e uma parte inorgânica. A parte **orgânica** conta com grandes quantidades de fibras de colágeno do tipo I, além de pequenas quantidades de glicoproteínas e proteoglicanos, unidas por uma substância fundamental amorfa. A parte **inorgânica** é formada principalmente por íons de cálcio e fosfato, além de vários outros. No seu interior, também encontramos cristais de hidroxiapatita, que são fundamentais para explicarmos a relação entre exercício e mineralização óssea (Hall, 2016).

Os cristais de hidroxiapatita encontrados no interior dos ossos apresentam uma capacidade chamada *piezoeletricidade*, que é a geração de uma carga elétrica quando o cristal é submetido a estresse – fundamentalmente, o estresse compressivo. Essa carga elétrica formada na área estressada do osso acaba atraindo os osteoblastos, os quais acabam depositando maior quantidade de material mineralizado justamente no ponto onde a maior quantidade de estresse acaba acontecendo.

Sendo assim, é justamente a carga mecânica que define os pontos no tecido ósseo onde as maiores e menores quantidades de material mineralizado precisam se concentrar, para que o tecido se ajuste à condição ambiental imposta e fique cada vez mais eficiente para suportar estresse. Caso o osso não receba sistematicamente estresse mecânico, essa mineralização nunca será eficiente.

Desse modo, quando um exercício físico é orientado de forma correta e inteligente, é garantida uma adequada mineralização óssea, uma longevidade do esqueleto e um tecido capaz de suportar cargas de forma bastante eficiente.

3.4 Biomecânica do tecido conjuntivo

O tecido conjuntivo é um dos mais abundantes do nosso corpo e é encontrado em uma série de diferentes estruturas dentro de nosso organismo. Esse tecido é formado, basicamente, por uma combinação de diferentes células, fibras e uma matriz extracelular. Como o tecido pode ser encontrado em diferentes estruturas e ter a responsabilidade de suportar os mais diversos tipos de estresse, as diferentes combinações entre os componentes do tecido acabam determinando sua característica mecânica. Dentre as substâncias encontradas no interior do tecido conjuntivo, algumas merecem maior destaque, como a **elastina**, o **colágeno** e os **proteoglicanos** (Engles, 2001).

A **elastina** é uma proteína estrutural encontrada nas fibras elásticas e que dão ao tecido a capacidade de retornar ao seu tamanho quase original após a retirada da carga. Quanto maior a concentração de elastina em um tecido, maior sua elasticidade. Quando comparamos um tendão e um ligamento, por exemplo, encontraremos uma maior quantidade de elastina no segundo e uma menor no primeiro. Isso acontece porque, apesar de ter função de dar estabilidade à articulação, o ligamento precisa também permitir um certo grau de movimento e ceder quando os músculos contraem durante as atividades físicas. Já o tendão, apesar de possuir certa concentração de elastina e uma pequena flexibilidade, não pode se deformar em excesso, o que causaria perda de energia e reduziria a eficiência muscular.

O **colágeno** (Figura 3.5), por sua vez, possui uma estrutura e uma função bem distintas da elastina, sendo formado também por proteínas, mas dotado de uma grande capacidade de suportar estresse tênsil, apesar de não oferecer grande resistência a forças compressivas. Sendo assim, quando uma tração é imposta em estruturas que contam com grandes quantidades de colágenos, elas conseguem transmitir muito bem a força, como ocorre com os tendões que ligam os músculos aos ossos. Desse modo é simples deduzir que, enquanto um ligamento apresenta maior concentração de elastina em relação ao tendão, um tendão possui maior concentração de colágeno em relação ao ligamento.

Figura 3.5 Organização estrutural de uma fibra de colágeno

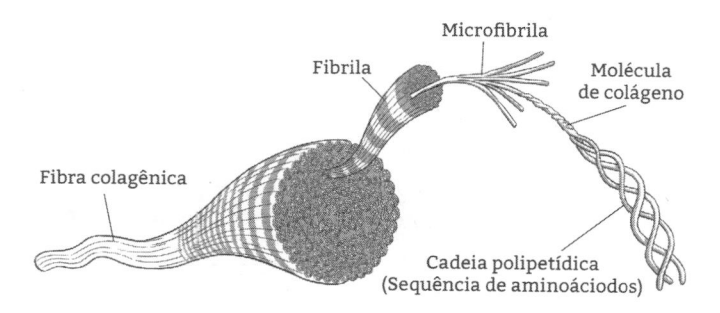

Fonte: La absurda mezcla..., 2016.

Enquanto tendões e ligamentos são estruturas responsáveis por suportar estresses de tração – e, portanto, a presença de fibras elásticas e de colágeno fazem bem seu papel de permitir essas resistência e capacidade elástica –, outras estruturas anatômicas formadas pelo mesmo tecido conjuntivo têm uma função distinta, como suportar compressão. As cartilagens articulares, por exemplo, têm uma responsabilidade importante, que é a de receber estresses de impacto (como aquele causado pelo caminhar na articulação coxofemoral) e evitar que as faces ósseas dessa articulação sofram deformações e desgastes causados por tais forças. Sendo assim, um dos importantes componentes do tecido conjuntivo e responsável por dar ao tecido essa capacidade de suportar compressão são os proteoglicanos.

Essas estruturas proteicas, além de darem ao tecido capacidade de suportar estresse, ajudam também na atração de água para o interior da cartilagem, auxiliando assim na integridade e na nutrição tecidual. Porém, como essas estruturas são capazes de ajudar no suporte ao estresse compressivo?

Como todas as estruturas e todos os tecidos dentro do nosso organismo, os proteoglicanos também são formados por proteínas e possuem certa carga elétrica. Como todas as pequenas "hastes" que formam a estrutura são formadas pelo mesmo tipo de proteína, todas apresentam a mesma carga elétrica. Quando a cartilagem (ou qualquer outra estrutura que possui proteoglicanos) é comprimida, o tecido perde água e o espaço entre as pequenas hastes diminui (conforme vemos na Figura 3.6, a seguir).

Enquanto um ligamento possui maior concentração de elastina em relação ao tendão, um tendão possui maior concentração de colágeno em relação ao ligamento.

Como a carga elétrica é igual entre essas estruturas, uma força repulsiva aparece, como aquela percebida quando se aproximam polos iguais de dois ímãs. Desse modo, quando maior a compressão, maior a perda de água, maior a proximidade das estruturas e maior a força repulsiva. Perceba que, com essa forma de ação, o tecido é capaz de gerar uma resistência à compressão que é exatamente proporcional ao estresse externo que é aplicado.

Figura 3.6 Estrutura de um proteoglicano

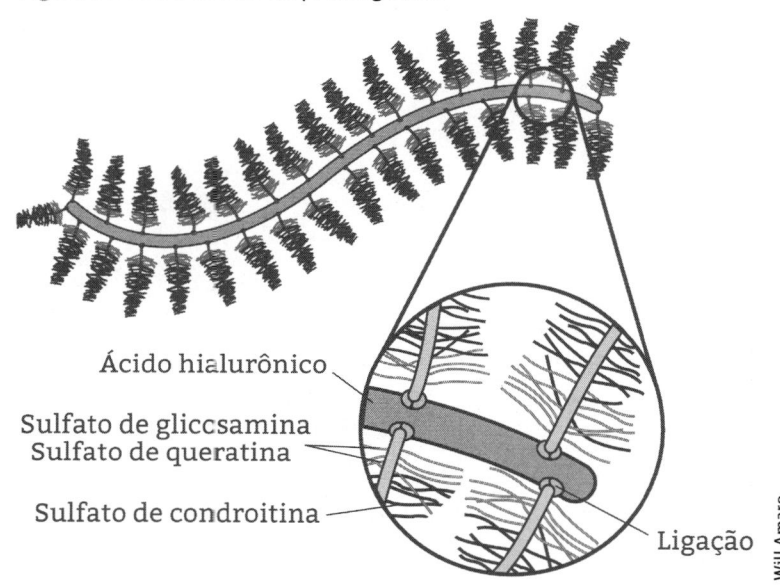

Ácido hialurônico
Sulfato de gliccsamina
Sulfato de queratina
Sulfato de condroitina
Ligação

Will Amaro

Essa imagem mostra a visão ampliada da organização de um proteoglicano, destacando a sua estrutura em forma de "múltiplas hastes". É fácil de verificar a perda de água ocorrida no tecido ao longo do dia quando sucessivos estresses compressivos são aplicados. Nos discos intervertebrais, por exemplo, isso se traduz numa redução da estatura do indivíduo ao final do dia em relação a sua estatura no início da manhã, ao redor de 1% em adultos jovens, 2% em crianças e de aproximadamente 0,5% em idosos acima dos 70 anos (Miralles, 2001). Porém, durante o sono, quando o indivíduo permanece deitado e os estresses compressivos são mínimos, o disco reabsorve a água perdida e, juntamente com ela, recupera uma série de nutrientes necessários, mantendo a saúde e a funcionalidade do tecido.

A redução do volume dos proteoglicanos pode ocorrer com o aumento da idade (envelhecimento), o que acaba gerando uma diminuição da capacidade do tecido conjuntivo de suportar esse tipo de estresse. Isso, a longo prazo, pode significar uma degeneração lenta, mas gradativa dessas estruturas.

3.5 Articulações, alavancas e mobilidade articular

O esqueleto e as articulações, assim como todas as estruturas de tecido conjuntivo (cartilagem, cápsula, ligamentos etc.) ao seu redor, acabam permitindo aos seres humanos a capacidade de se mover com grande liberdade e eficiência. Em especial as articulações sinoviais (aquelas com maior amplitude de ação) permitem que a força muscular gerada durante a contração voluntária se traduza em movimento, e que a combinação de vários pequenos movimentos em articulações distintas se transforme em um grande e complexo movimento coordenado.

A primeira informação importante sobre o funcionamento de uma articulação tem relação com seus graus de liberdade (conforme mostra a Figura 3.7, a seguir). Cada grau de liberdade identifica um eixo diferente em que aquela articulação pode gerar movimento. Sendo assim, teremos articulações que apresentam até três graus de liberdade – como o quadril, que se movimenta nos três eixos (sagital, coronal e transverso) –, sendo que em cada eixo são permitidos dois movimentos. Outras articulações, como o joelho, têm apenas dois graus de liberdade (flexão e extensão no plano sagital, e rotação interna e externa no plano transverso, quando o joelho está flexionado). Desse modo, quanto maiores os graus de liberdade, mais movimento é possível e mais estruturas são necessárias para manter a estabilidade da articulação (como cápsulas e ligamentos).

Figura 3.7 Eixos de movimento de uma articulação sinovial (joelho)

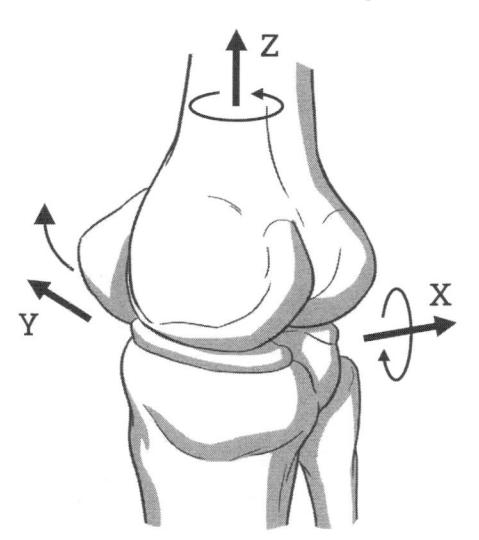

Will Amaro

    Essas articulações acabam servindo como pontos de fixação e rotação para que o esqueleto possa se mover; além disso, esses pontos de junção servem como alavancas que multiplicam a força muscular, gerando diferentes quantidades de torques.

    O torque (ou momento) pode ser definido, então, como uma força que gera uma rotação. No caso do ser humano, isso se traduz em flexão/extensão, abdução/adução e/ou rotação interna/externa ao redor de uma ou mais articulações. Quanto maior for a força muscular, ou maior a distância da inserção do músculo (distância de aplicação da força em relação ao eixo) em relação à articulação, maior será o torque gerado.

    Como cada um desses torques produzirá um movimento, e cada movimento apresentará força que se opõe a ele (como a própria massa do membro gerando inércia), ao redor de cada uma das articulações teremos um sistema de alavancas (como mostrado na Figura 3.8, a seguir). Esse sistema será formado basicamente por forças que geram movimento e forças que se opõem a ele.

Essas alavancas podem ser classificadas como:

- **Interfixa**, quando a articulação se encontra linearmente entre o ponto de aplicação da força (inserção muscular) e ponto de aplicação da resistência (carga externa, por exemplo).
- **Interpotente**, quando a força se encontra entre o ponto de apoio e a resistência.
- **Inter-resistente**, quando é a resistência que se encontra entre o apoio e a força.

Confira mais detalhes na imagem a seguir.

Figura 3.8 Diferentes sistemas de alavancas do esqueleto humano

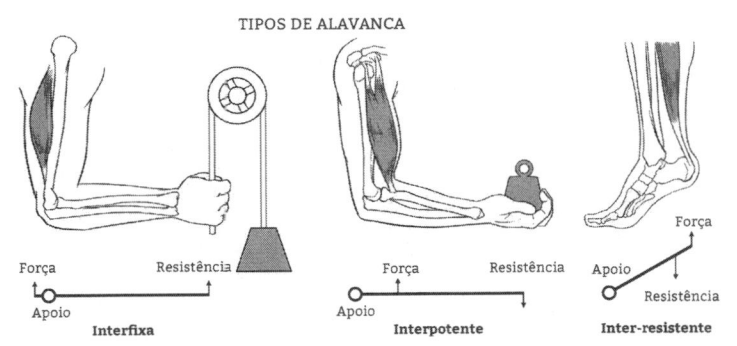

TIPOS DE ALAVANCA

| Interfixa | Interpotente | Inter-resistente |

Em nosso corpo são encontrados diferentes tipos de alavancas, dependendo de quais músculos e movimentos são observados. Isso permite que a força produzida durante as contrações seja multiplicada (Torque = força x distância) e uma grande economia energética seja conseguida.

A observação dessas relações de torque em razão da posição espacial dos segmentos, eixos e aplicações da força muscular e da resistência externa nos permite analisar os diferentes exercícios que encontramos dentro da sala de musculação. Vamos a alguns exemplos de análise.

Figura 3.9 Rosca Scott e tríceps testa

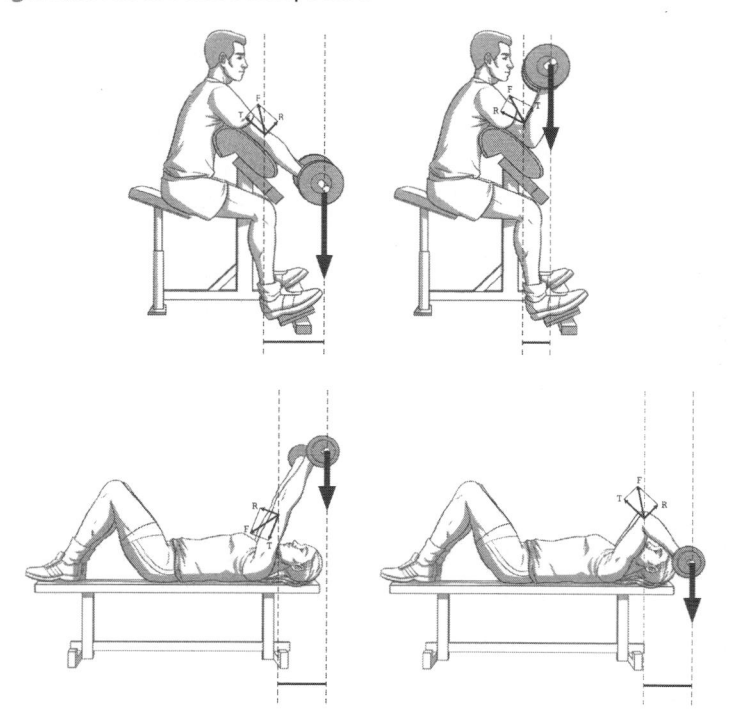

Will Amaro

Nesses dois exemplos de exercícios fica bem fácil compreender como a adoção de determinadas posturas acaba influenciando a resistência oferecida e, por consequência, a força que o músculo precisa fazer. No exercício à direita na imagem, conhecido como *rosca Scott*, o vetor (flecha) identifica como a força peso oferece resistência à execução do movimento. Observe que, na posição inicial (peso para baixo), o vetor fica significativamente afastado da linha pontilhada que identifica a posição do cotovelo. Conforme se flexiona mais ainda essa articulação, mais esse peso se afasta da linha que identifica o eixo de rotação de todo o sistema de alavancas. Entretanto, quando o peso é posicionado mais acima, esse vetor começa a se aproximar cada vez mais desse ponto, o que vai gradativamente reduzindo a resistência oferecida, pois ela é o produto da força (peso) e da distância que, nesse caso, torna-se mínima.

E se posicionarmos o peso sobre o eixo do cotovelo? Se ele ficar alinhado com a articulação? Pois bem, o resultado é uma resistência praticamente nula, e o músculo deixa de realizar trabalho.

Uma situação similar é verificada na figura da esquerda, exercício conhecido como *tríceps testa*. Nesse caso, para evitar que o vetor se posicione sobre o eixo do cotovelo, o indivíduo mantém sempre todo o membro inclinado para trás. Observe que, adotando tal comportamento, mesmo na posição inicial (peso acima), ainda existe uma significativa alavanca, exigindo que o músculo se mantenha ativo para evitar o movimento. Essas diferenças de posição e torques podem influenciar muito a qualidade e a eficiência na realização de certos exercícios.

Observe, no próximo exemplo, o agachamento.

Figura 3.10 Exercício de agachamento

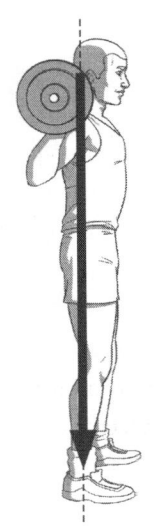

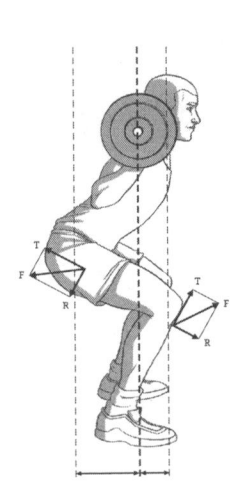

No exercício de agachamento, a influência da posição dos membros e das cargas é fundamental para a eficiência do trabalho. Se você observar, na posição inicial (em pé), a força peso passa praticamente sobre os eixos do quadril e do joelho, principais articulações envolvidas no movimento. Isso reduz em muito a necessidade de trabalho muscular e funciona como se fosse um ponto de "descanso" durante o exercício. Conforme o movimento vai acontecendo (abaixando), criam-se distâncias entre esses eixos e o vetor de força, e o trabalho muscular se acentua. O que fazer, então? Devemos evitar a posição completamente ereta.

O objetivo é manter um trabalho muscular constante e, para que isso ocorra, é necessário que o exercício seja executado de uma forma mais eficiente. As máquinas, entretanto, facilitam esse trabalho, pois se caracterizam pela capacidade de manter essas distâncias constantes, independentemente da posição do membro no espaço.

Vamos a mais um exemplo.

Figura 3.11 Mesa flexora

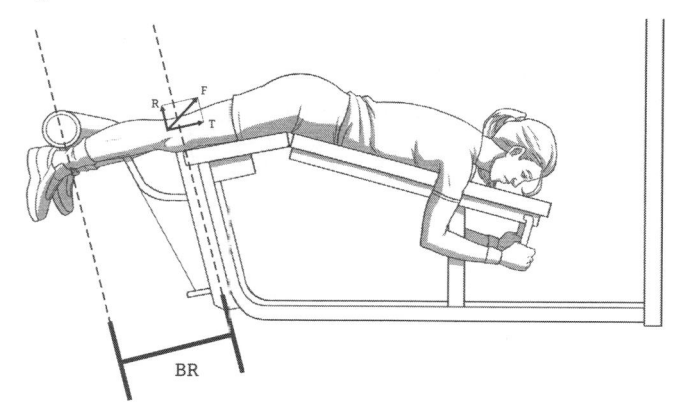

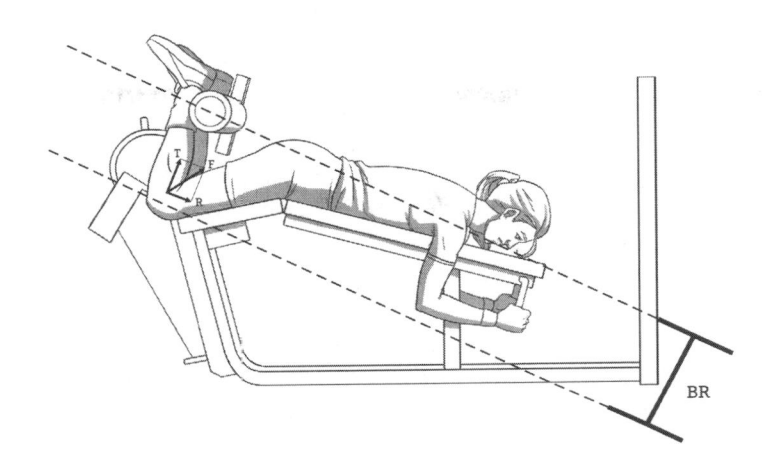

Perceba na figura o tamanho do braço de resistência (BR). Ele praticamente não se modifica em qualquer momento da execução do movimento. Isso se deve à utilização de polias, por onde os cabos passam. Como essa polia tem um diâmetro constante, e o cabo está preso à bateria de pesos (força), os valores da resistência (torque) não se modificam.

Isso demonstra uma das vantagens das máquinas em relação aos pesos livres, que é a possibilidade de manutenção constante da resistência ao longo de todo arco de movimento. Porém, não significa que máquinas sejam melhores ou vice-versa, mas permite observar que existem características intrínsecas à utilização de cada tipo de equipamento.

▮▮▮ Síntese

Ao final deste capítulo, podemos concluir que o tecido ósseo, apesar de parecer inerte e pouco ativo, na verdade é um tecido altamente "vivo" e muito adaptável. Essas adaptações são diretamente proporcionais às forças que se aplicam sobre ele. Além do tecido ósseo, o tecido conjuntivo se apresenta como um tecido multifuncional, fazendo parte de uma série de estruturas com as mais diferentes responsabilidades. Destacam-se entre elas as articulações e suas cartilagens, as cápsulas e os ligamentos.

A união do esqueleto e das articulações permite ao ser humano a capacidade de se mover com grande eficiência. Isso gera torques articulares de grande magnitude, o que permite movimentos rápidos e explosivos.

Também destacamos os seguintes tópicos:

- O osso trabecular apresenta maior capacidade de deformação e é encontrado em maior quantidade nas epífises e na parte central de todos os ossos que compõem o esqueleto, sendo responsável por absorver e dissipar parte das cargas geradas pelos impactos recebidos nas atividades diárias.
- O osso cortical é mais rígido e mineralizado, presente em maior quantidade nas diáfises e nas paredes externas dos ossos. Ele acaba funcionando melhor como alavanca, pois sofre menor deformação e consegue transmitir melhor a energia gerada pelo tecido muscular.
- O tecido conjuntivo é constituído, basicamente, por cinco elementos básicos: água, pequenas proteínas, proteoglicanos, fibras colágenas e elásticas. Essa constituição ímpar dá a esse tecido a capacidade de se adaptar e de receber diferentes tipos de estresse, permitindo que ele esteja presente em diferentes estruturas no organismo humano.
- Tanto o tecido ósseo quanto o tecido conjuntivo são extremamente dinâmicos, sofrendo mudanças conformacionais em razão do tipo, da magnitude e da frequência do estresse recebido, dando a esses tecidos grande eficiência e capacidade adaptativa.

Atividades de autoavaliação

1. Observe o desenho a seguir. Ele apresenta os diferentes tipos de tecidos ósseos e sua localização dentro da estrutura do osso.

Com base nessas informações e nas características mecânicas do osso trabecular (esponjoso) e cortical (compacto), assinale a alternativa correta:

Figura 1 Macroestrutura óssea

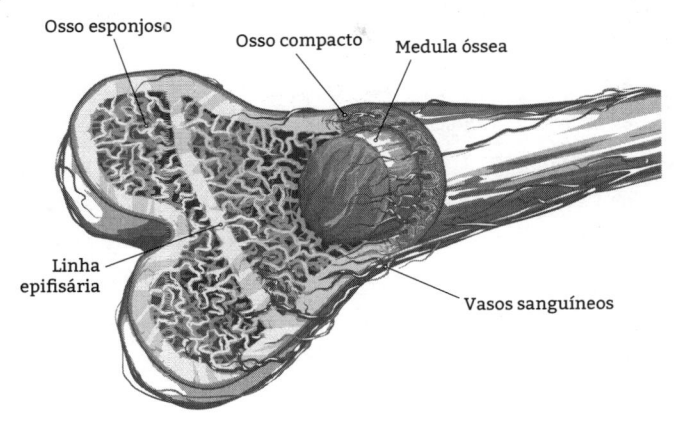

a) Os ossos podem apresentar diferentes formas, mas essas características não têm, necessariamente, uma relação com sua função, estando isso mais ligado a processos evolucionistas e fatores genéticos.
b) O osso compacto é encontrado em maior volume na parte interna e nas extremidades ósseas, sendo o tipo ósseo mais adaptado a sofrer deformações quando estressado, protegendo a estrutura de fraturas durante a prática de atividades físicas e exercícios.
c) O osso esponjoso, encontrado em maior quantidade nas epífises, sofre maior deformação se comparado ao osso compacto, o que lhe dá a possibilidade de absorver e de dissipar parte dos estresses recebidos durante o movimento.
d) Enquanto os ossos longos, como os ossos do carpo, são importantes alavancas dentro do corpo, ajudando na produção de grandes quantidades de torques ao redor das articulações, os ossos sesamoides, como o esterno, oferecem a capacidade de realização de pequenos e precisos movimentos.

2. Complete o trecho que se segue com as opções de palavras que atendem à lógica da argumentação e que apareçam na ordem adequada nas alternativas:

"Apesar de estudarmos de forma individual, o tecido ósseo geralmente recebe um conjunto de diferentes tipos de estresse, sendo o estresse _____ o tipo mais comum. O osso pode ainda sofrer um estresse de _____, quando realizamos exercícios que exigem a sustentação do corpo pendurado em uma barra fixa, por exemplo, e que requerem uma forma distinta de adaptação. Entretanto, de todos os estresses aos quais o tecido ósseo está exposto, o mais suscetível a causar lesão é o de _____. Como o osso é menos exposto a esse tipo de carga, ele é menos adaptado para suportá-la".

a) compressivo, tração, cisalhamento.
b) entortamento, cisalhamento, torção.
c) tração, torção, entortamento.
d) torção, compressivo, cisalhamento.

3. Existem diferentes tipos de sistemas de alavancas dentro de nosso organismo. Observando os exemplos a seguir, nos quais a seta identifica o ponto de aplicação da força motriz, o triângulo aponta o eixo de rotação do sistema e o quadrado mostra a resistência ao movimento, identifique os três diferentes sistemas apresentados, respectivamente, da esquerda para a direita:

Figura 2 Tipos de sistemas de alavancas

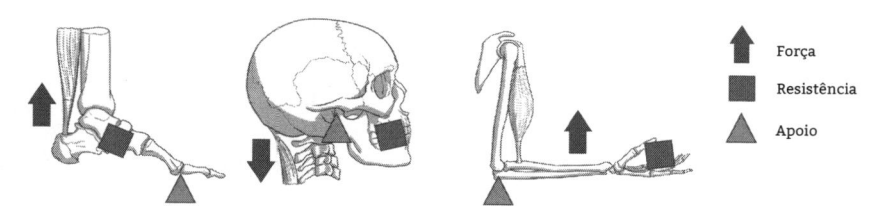

a) Intermóvel, interpotente e interfixo.
b) Interpotente, inter-resistente e intermóvel.
c) Inter-resistente, interfixo e interpotente.
d) Interfixo, interpotente e inter-resistente.

4. As diferentes estruturas de tecido conjuntivo presentes dentro do nosso organismo apresentam diferentes demandas de suporte ao estresse e, por isso, apresentam diferentes constituições com relação ao volume e à distribuição de seus componentes. Com base nessa informação, assinale dentre as alternativas a seguir a única que apresenta a informação de forma correta:

   a) O ligamento, estrutura que tem como função básica unir um músculo a outro, possui uma concentração muito grande de fibras de colágeno, o que limita muito sua elasticidade, mas permite que uma grande carga seja imposta sem que deformações importantes sejam percebidas.
   b) O tendão, estrutura responsável por unir o músculo ao osso, apresenta maior concentração de tecido colagenoso, o que lhe confere uma grande resistência à tensão e uma ótima capacidade de transmissão de força.
   c) As fáscias, estruturas encontradas entre os ossos que compõem a coluna vertebral, são responsáveis por suportar uma grande magnitude e uma grande frequência de estresses compressivos, sendo a elastina presente dentro do tecido conjuntivo o componente capaz de suportar tal tipo de carga.
   d) Os discos intervertebrais, estruturas também formadas por uma grande quantidade de tecido conjuntivo, acabam recebendo quase que exclusivamente estresse de tração, em razão de sua posição e sua função dentro do esqueleto. Para suportar tal carga mecânica, os discos apresentam uma grande quantidade de colágeno, componente do tecido conjuntivo com grande resistência a esse tipo de estresse.

5. Observando os exemplos de exercícios apresentados na parte final deste capítulo e os aspectos biomecânicos de sua execução, assinale a alternativa que indica uma afirmação **incorreta** sobre esse assunto:

   a) Em exercícios executados com pesos livres (como barras e halteres), dependendo da posição em que se encontra o membro exercitado, a resistência a ser vencida pode sofrer grandes aumentos ou reduções.

   b) Uma das características das máquinas é a de que elas podem oferecer um torque de resistência mais constante ao longo de toda a amplitude de movimento articular e, em alguns casos, aumentar a eficiência do exercício.

   c) Independentemente do movimento e do equipamento utilizado (peso livre ou máquina), os torques ao redor das articulações são sempre os mesmos, já que a massa movimentada e a alavanca óssea nunca se modificam.

   d) Não é possível dizer que máquinas são mais eficientes do que pesos livres ou vice-versa. Tudo depende do movimento e do objetivo pretendido, sendo provável que a utilização de ambos seja a forma mais inteligente de se conseguir os resultados desejados com o treinamento.

■ Atividades de aprendizagem

Questões para reflexão

1. Vamos fazer alguns testes para identificar na prática a influência dos sistemas de alavancas e dos torques no seu dia a dia. Faça o seguinte experimento: coloque no chão um objeto (como uma caixa) que possua um peso razoável, algo entre 10 kg e 15 kg. Levante, em seguida, esse objeto do solo e observe qual é o movimento natural realizado. Você provavelmente pegou e trouxe o objeto próximo ao corpo, correto? Agora experimente fazer isso afastando o objeto cada vez mais em relação à linha vertical de seu corpo. O que acontece? Por que fica

cada vez mais difícil? Por que sentimos que os músculos das costas, especialmente os da porção lombar da coluna, são cada vez mais ativados?

2. Ao final deste capítulo, procuramos deixar claro que existe uma relação direta entre a saúde óssea e a prática regular de exercícios. Porém, quais seriam os exercícios mais importantes de serem realizados em nosso cotidiano? Essas atividades devem apresentar quais tipos de características para que possamos indicá-las a nossos pais e avós a fim de que eles obtenham a manutenção de uma mínima densidade mineral óssea?

Atividade aplicada: prática

1. Tente organizar uma rotina de exercícios que tenha os seguintes objetivos: ajudar no desenvolvimento da força muscular e ajudar na saúde óssea. Procure organizar uma semana da prática de tais atividades, destacando qual delas terá mais impacto sobre um ou outro tecido. Lembre-se de ajustar a programação dessa semana de forma que intervalos também sejam respeitados, pois o organismo precisa de tempo para apresentar respostas positivas ao treinamento.

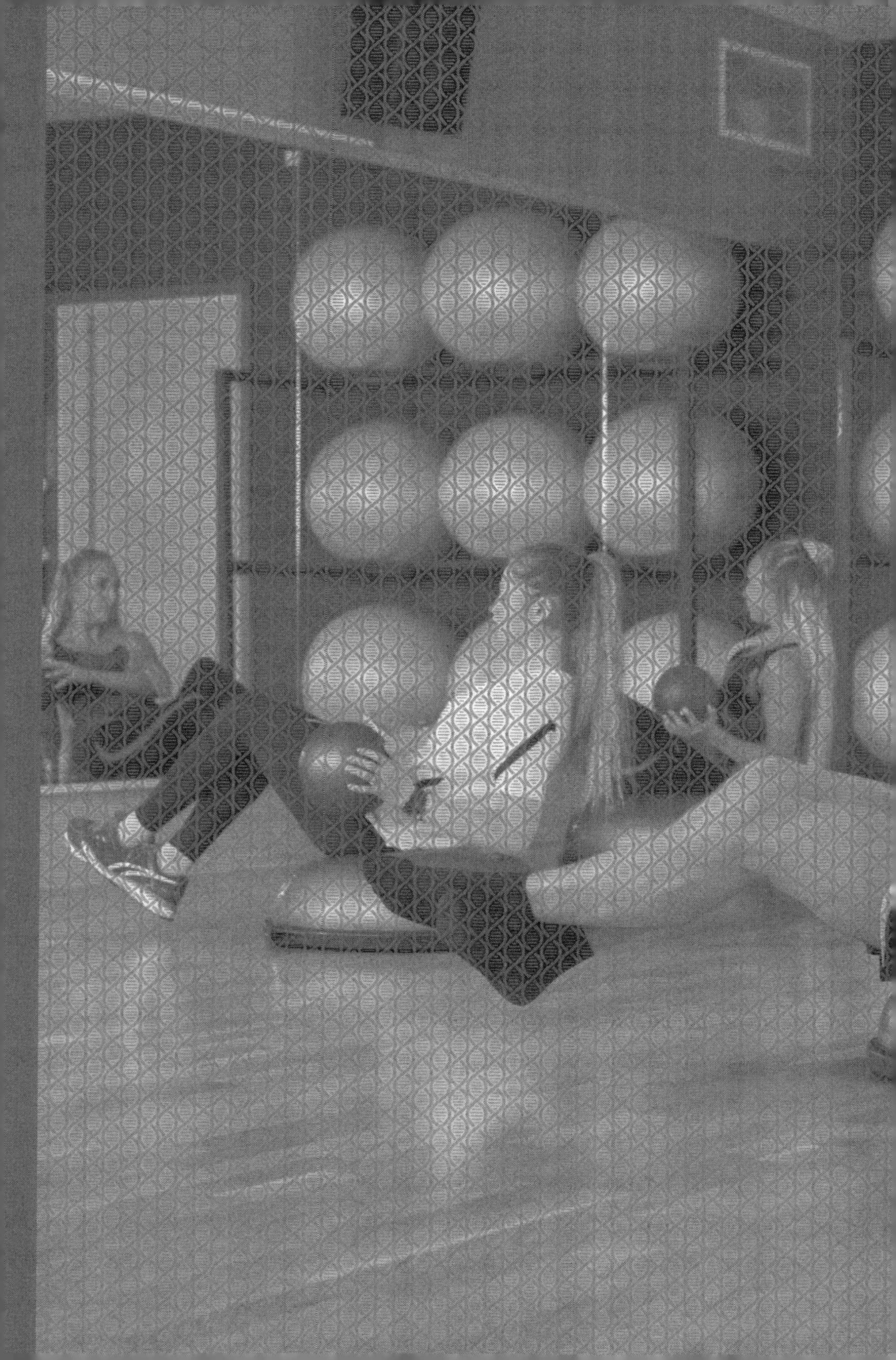

Capítulo 4

Controle muscular

Nos capítulos anteriores, discutimos como o impulso elétrico que vem do córtex motor é importante para o controle muscular e como as primeiras adaptações (as neurais) ao treinamento são explicadas em razão desse fenômeno. Entretanto, precisamos entender agora, com mais profundidade, quais são os fatores que determinam a intensidade desse impulso elétrico e como o conhecimento de regras básicas sobre trocas iônicas serão úteis para compreender esse mecanismo de controle muscular.

A atividade elétrica que chega no músculo acaba se transformando em energia química, pois dá início a uma série de reações que culminam com a quebra dos fosfatos ricos em energia (ATP). Essa energia química, como também já vimos anteriormente, acaba sendo utilizada para o movimento das pontes cruzadas actina-miosina e, por consequência, para a produção de movimento muscular. Desse modo, poderemos compreender com mais clareza a importância de aspectos elétricos na produção e no desenvolvimento da capacidade de geração de força, já que tal fator é determinante para essa condição.

Outro assunto importante quando estamos investigando o controle muscular diz respeito à técnica e/ou ao instrumento utilizado para medir tal atividade. No controle muscular, a eletromiografia de superfície é, sem dúvidas, a técnica mais útil nesse aspecto. Utilizando a captação da atividade elétrica medida sobre a pele e realizando uma série de procedimentos matemáticos, podemos avaliar o grau de ativação de certos músculos-alvo e verificar a amplitude e a frequência do sinal elétrico, assim como suas modificações nas mais diversas condições (como em situações de fadiga ou exercício máximo).

Com todas essas informações, o profissional da educação física certamente estará preparado para compreender todos os aspectos envolvidos na forma com que os músculos são controlados, decidindo assim qual seria a melhor forma de desenvolver esse controle mediante a utilização de exercícios físicos sistematizados.

4.1 Despolarização e repolarização de membranas

A grande diferença do tecido muscular estriado esquelético em comparação aos outros tipos de tecido é sua capacidade de controle da ação contrátil, para a qual utilizamos impulsos elétricos, gerados no sistema nervoso central e enviados aos músculos por meio de uma vasta rede de cabos, os nervos. Quando chega aos músculos, esse impulso elétrico dá início a uma série de reações químicas, as quais, por final, acabam se traduzindo em uma energia mecânica.

Sendo assim, observar a forma pela qual o músculo é estimulado eletricamente nos permite fazer inferências sobre uma série de aspectos importantes relativos à nossa capacidade de controle muscular, de coordenação, fadiga etc. Para que essas informações possam ser captadas e analisadas, ao longo dos anos foram desenvolvidos diferentes equipamentos, técnicas e procedimentos que nos permitem observar o fenômeno da ativação elétrica muscular. Esse conjunto de ações recebe o nome de *eletromiografia*, a qual permite o registro dos sinais elétricos musculares, possibilitando a análise da atividade muscular durante o movimento (Ocarino et al., 2005).

A vantagem da eletromiografia é a capacidade de olhar exatamente o que está acontecendo dentro de cada músculo analisado. Isso pode fornecer informações importantes para avaliar o desempenho muscular na tomada de decisões envolvendo intervenções cirúrgicas, para controlar os efeitos de protocolos de treinamento, ajudar na melhora do desempenho esportivo, detectar a resposta muscular em atividades laborais, comparar membros homólogos, entre outras tantas aplicações.

Todavia, para que você possa entender como a eletromiografia funciona e quais são suas vantagens e desvantagens, primeiramente é necessário demonstrarmos como a atividade elétrica se propaga na fibra muscular. Observe a imagem a seguir.

> Observar a forma pela qual o músculo é estimulado eletricamente nos permite fazer inferências sobre uma série de aspectos importantes relativos à nossa capacidade de controle muscular, de coordenação, fadiga etc.

Figura 4.1 Fluxo de íons na membrana celular

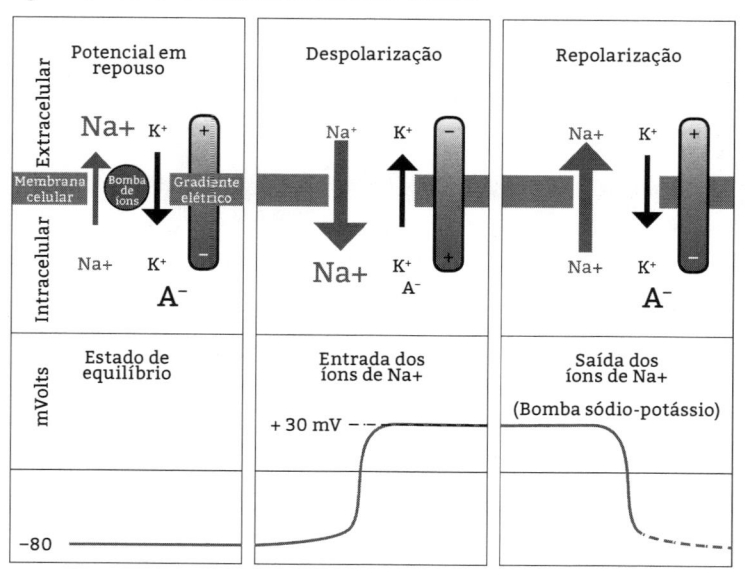

	Potencial em repouso	Despolarização	Repolarização
Extracelular	Na+ K+ (+)	Na+ K+ (−)	Na+ K+ (+)
	Membrana celular / Bomba de íons / Gradiente elétrico		
Intracelular	Na+ K+ A⁻	Na+ K+ A⁻	Na+ K+ A⁻
mVolts	Estado de equilíbrio	Entrada dos íons de Na+ (+30 mV)	Saída dos íons de Na+ (Bomba sódio-potássio)
	−80		

Fonte: Konrad, 2006, p. 7, tradução nossa.

A imagem mostra o passo a passo do influxo (à esquerda) e do efluxo (à direita) de íons para o interior e o exterior da fibra muscular (respectivamente) e que acabam gerando as ondas de despolarização e repolarização da membrana. Depois de o impulso elétrico ter sido gerado no córtex motor do sistema nervoso central (SNC), ele se propaga e chega até a fibra muscular. Nesse momento, o potencial de ação existente então no sistema nervoso passa ao sistema muscular em uma das inúmeras junções neuromusculares existentes, conhecidas como *unidades motoras* (ou *placas motoras*).

Nesse local, a acetilcolina, uma substância neurotransmissora, é liberada pelo neurônio terminal e se liga à membrana (sarcolema) da fibra muscular logo abaixo desse ponto de conexão. A fibra muscular que recebe tal neurotransmissor se encontra até o momento em repouso (Figura 4.1, à esquerda), e, como o sarcolema é praticamente impermeável ao sódio (Na+), existe um equilíbrio entre a sua concentração nas partes interna (menor concentração) e externa (maior concentração) da membrana. Como os íons apresentam carga elétrica, a membrana da célula muscular assume tal potencial, sendo, em repouso, negativa no seu interior e positiva (por causa da alta concentração dos íons Na+) no seu exterior (Mcardle; Katch; Katch, 2016).

Com a chegada da acetilcolina, os canais que permitem a passagem do sódio acabam sendo abertos e, em razão do gradiente de concentração, acontece uma entrada abrupta e volumosa de Na+ para o interior da célula (Figura 4.1, ao centro). Isso gera uma mudança na parte interna da membrana, a qual passa a ter um potencial elétrico positivo, fazendo com que o sarcolema que possuía diferentes polaridades entre o meio interno e o externo (membrana polarizada) agora assuma a mesma carga elétrica nesses dois ambientes (membrana despolarizada).

Essa ação recebe o nome de ***despolarização da membrana***. Como essa ação se dá em razão do gradiente de concentração, nenhum gasto energético é verificado, sendo esse tipo de transporte chamado ***passivo*** (Guyton, 2008).

Entretanto, existe um limite para a entrada de íons Na+ no seu interior. Quando esse limite é atingido, os canais que permitiram a passagem são novamente fechados, e o excesso de íons que adentraram a fibra muscular são então retirados. Porém, o transporte agora precisa ser ativo, executado pela ação da bomba de sódio-potássio, o que gera um gasto energético significativo. Com a saída dos íons novamente para o meio externo, o potencial elétrico da parte interna da membrana é novamente modificado e a polaridade restaurada (Figura 4.1, à esquerda).

Sendo assim, esse movimento de entrada e saída de Na+ da célula muscular acaba gerando ondas elétricas que se propagam por toda a fibra e são levadas até o seu interior, iniciando uma série de reações químicas que darão origem à contração muscular. O Gráfico 4.1, a seguir, resume todas as ações que acontecem durante esse processo, assim como apresenta as mudanças no potencial de ação descritas anteriormente.

Gráfico 4.1 Ação de íons de sódio na fibra muscular

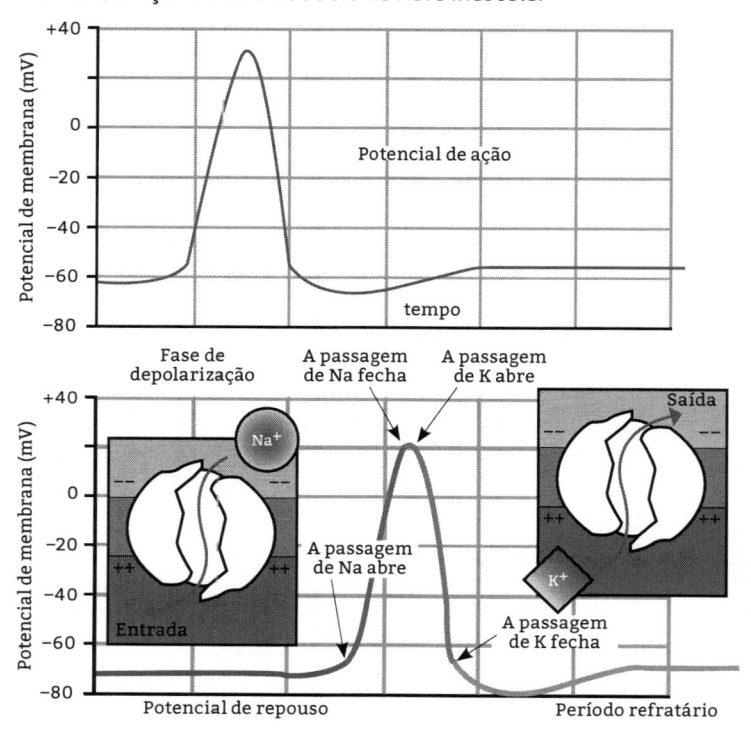

Fonte: Ehrl, 2018.

A imagem detalha a entrada e a saída dos íons de sódio do interior da fibra muscular, bem como os seus efeitos na carga elétrica, medida no interior da membrana.

Desse modo, a intensidade do fluxo de íons acaba determinando a magnitude do impulso elétrico que transita pelas membranas celulares. Esse impulso se propaga até o último dos axônios e então acaba sendo transmitido até a fibra muscular por ele enervada, exigindo assim que uma série de reações aconteça nas unidades motoras, pontos de conexão neuro-musculares.

4.2 Unidades motoras e tipos de fibras musculares

Uma unidade motora é formada pelo neurônio motor e por todas as fibras musculares por ele inervadas, sendo assim o ponto de conexão neuromuscular. Nessa estrutura, a onda de despolarização gerada no sistema nervoso central, a qual percorreu todos os ramos nervosos necessários, propaga-se então para o sistema muscular esquelético. Essa conexão química é intermediada por uma substância neurotransmissora, sendo a mais comum delas a acetilcolina (Foss; Keteyian, 2000).

As unidades motoras se distinguem quanto ao número e ao tamanho encontrados em cada uma das fibras musculares, sendo maiores nas fibras de maior calibre (tipo IIA e IIX) e menores nas mais delgadas (tipo I). Em razão dessas diferenças em seu tamanho, as unidades motoras apresentam diferentes tipos de resistência à passagem do impulso elétrico (impedância), o que interfere parcialmente na forma de recrutamento das fibras que compõem o tecido muscular.

Assim sendo, quando um estímulo elétrico de baixa frequência é gerado, apenas as unidades motoras de menor impedância (as das fibras de menor calibre e, geralmente, do tipo I) são excitadas e acabam contraindo. Se elas são insuficientes para gerar a força necessária ao movimento pretendido, uma maior intensidade de impulsos elétricos é então formada e a resistência de unidades motoras maiores é vencida, recrutando-se agora, além das fibras de menor calibre, fibras maiores e mais potentes. Caso a intenção seja o recrutamento máximo do tecido muscular, uma grande atividade elétrica é necessária, suficiente para vencer a resistência oferecida por unidades motoras de todos os tamanhos, inclusive as maiores, o que permite uma ação somatória de todas as fibras presentes no tecido muscular e, por consequência, uma contração mais poderosa.

Figura 4.2 Frequência de impulso e fibras musculares

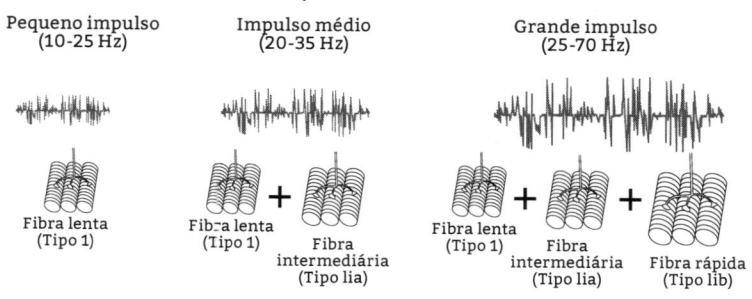

Pequeno impulso (10-25 Hz)   Impulso médio (20-35 Hz)   Grande impulso (25-70 Hz)

Fibra lenta (Tipo 1)   Fibra lenta (Tipo 1) + Fibra intermediária (Tipo IIa)   Fibra lenta (Tipo 1) + Fibra intermediária (Tipo IIa) + Fibra rápida (Tipo IIb)

Fonte: Souza, 2016, p. 79.

Isso explica parcialmente a relação entre os diferentes tipos de fibras musculares e sua capacidade de produzir tensão, e também como temos a capacidade de sempre recrutar apenas o número mínimo de fibras necessárias para cumprir com a tarefa pretendida.

4.3 Especificidade dos ganhos de força muscular

A quantidade de força gerada é dependente não só do volume muscular (quantidade de fibras e sarcômeros em paralelo), mas também da capacidade que o indivíduo tem de recrutar esse músculo (a frequência dos impulsos elétricos e a quantidade de unidades motoras recrutadas). Esse recrutamento sofre a influência de diversos fatores, dentre eles a posição de relativo alongamento muscular. Sendo assim, a força é dependente da posição em que o músculo se encontra (como já vimos em capítulos anteriores). Como ela pode ser treinada, ela também sofre adaptações de treinamento específicas da posição exercitada.

Isso significa que a amplitude utilizada para a execução dos exercícios determina o ponto de maior desenvolvimento de força.

Além de mudanças estruturais nos fascículos dos músculos treinados (como seu ângulo de penação), a atividade elétrica desenvolvida também vai ser influenciada pelo movimento executado.

Desse modo, quando falamos de treinamento de força voltado ao desenvolvimento de habilidades atléticas específicas, é preciso nos atentarmos para as demandas do esporte. Em algumas condições, exercícios executados em determinadas amplitudes podem levar ao desenvolvimento de maior ou menor força muscular em graus de movimentos distintos e, desse modo, influenciar positiva ou negativamente a execução do gesto esportivo.

Esse ganho específico tem relação com adaptações morfológicas no tecido, mas também com a criação de um padrão de ativação mais ajustado a esta ou aquela amplitude de movimento. Sendo assim, realizar um agachamento profundo poderá gerar um padrão de ativação muscular e, por consequência, um padrão de geração de força distinto do conseguido com o agachamento parcial. Portanto, é importante relacionar a demanda da atividade (física ou esportiva) ao padrão de execução de exercícios que tem como objetivo desenvolver a força muscular (Zatsiorsky, 2004).

Essa adaptação específica do desenvolvimento de força pode também ser verificada quando diferentes exercícios são utilizados em uma rotina dentro da sala de musculação. Um indivíduo que executa sua rotina de treinamento apenas para o quadríceps, com o exercício de agachamento, vai conseguir um significativo desenvolvimento da força muscular nesse exercício, mas não vai encontrar o mesmo grau de desenvolvimento na cadeira extensora, exercício para o mesmo grupo muscular, mas não utilizado. Isso ocorre, novamente, em razão das adaptações específicas causadas pelo treinamento de força.

Cabe aqui ressaltarmos que essas características no desenvolvimento não se aplicam da mesma forma para a hipertrofia, existindo pouca diferença nos resultados encontrados em diferentes exercícios que trabalham os mesmos grupos musculares.

4.4 Avaliação do controle muscular: eletromiografia

Para avaliar a capacidade com que os músculos serão ativados, é utilizado um conjunto de técnicas que permite a captura, a amplificação, a gravação e a interpretação dos sinais gerados nas unidades motoras musculares. A esse conjunto de técnicas dá-se o nome de *eletromiografia*. Esta tem a função de captar as ondas de despolarização e repolarização da membrana e traduzir esses estímulos em dados gráficos e numéricos, os quais podem ser analisados e interpretados de acordo com a necessidade (*eletro* = atividade elétrica; *mio* = músculo; *grafia* = representar graficamente).

Confira mais detalhes na imagem a seguir.

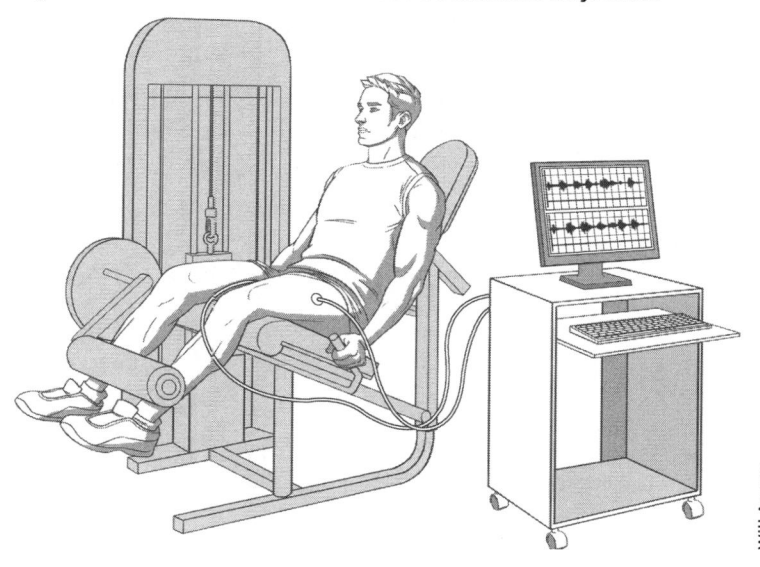

Figura 4.3 Atividade elétrica muscular na extensão de joelhos

A imagem mostra um exemplo de um registro da atividade elétrica muscular durante o exercício de extensão de joelhos. Existem diferentes tipos de técnicas de eletromiografia, assim como há inúmeros modelos de equipamentos, cada um com características particulares, vantagens e desvantagens. Entre as técnicas, a eletromiografia de superfície é a mais popular e, principalmente, a mais útil quando se fala de avaliação de ações musculares durante a realização de atividades físicas e exercícios. Essa técnica utiliza a colocação de eletrodos adesivos sobre a pele, em pontos específicos, sobre os músculos cuja ativação se deseja observar. O sinal elétrico é então captado, amplificado, processado e interpretado (Marchetti; Duarte, 2006).

Entretanto, para que todo esse procedimento possa fornecer uma informação fidedigna a respeito do que está acontecendo dentro do tecido muscular, uma série de cuidados devem ser observados para que a informação tenha uma real utilidade. O primeiro deles é com a escolha do músculo a ser avaliado. Em geral, a eletromiografia de superfície oferece informações bem interessantes quando músculos calibrosos e superficiais são investigados. É claro que existem problemas, como o movimento relativo da pele (onde os eletrodos estão realmente fixados) em relação ao músculo, mas os erros gerados por tais características são pequenos e aceitáveis.

Outro problema diz respeito a qual posição sobre o músculo devem ser fixados os eletrodos e, para isso, não existe um consenso. Aparentemente, qualquer normatização de tais tipos de procedimentos é passível de uma ou outra crítica, e parece ser prudente apenas estipular um modelo e aplicá-lo da forma como se indica.

Outro cuidado importante está relacionado ao controle da impedância (resistência à passagem do impulso elétrico) que os tecidos que se encontram sobre o músculo podem oferecer. Uma correta assepsia e tricotomia local devem ser realizadas e, se possível, deve ser testada a resistência oferecida pela pele no local que se deseja fixar os eletrodos (Konrad, 2005).

Finalmente, a escolha da forma de processamento do sinal (amplificação, filtragem e interpretação) parece ser fundamental para que a informação sobre a ativação elétrica muscular seja coerente.

4.5 Eletromiografia no exercício: vantagens e cuidados

A eletromiografia (EMG) oferece uma série de possibilidades de avaliação nas mais diferentes áreas da saúde, como na ortopedia, na neurologia funcional, na ergonomia, durante avaliações de análises de demanda e prevenção de riscos, na reabilitação (comparando membros lesionados e saudáveis) e nos períodos pré e pós-tratamento. Além dessas aplicações, é útil ainda na área de exercício e esporte, na análise de padrões de movimento, no refinamento de técnicas esportivas, no desenvolvimento de força, entre tantas outras possibilidades.

A EMG possibilita a visualização daquilo que está acontecendo "dentro" do músculo, permitindo a tomada de decisões a respeito de como realizar determinados protocolos de tratamento, ajudando atletas e treinadores a localizar e treinar os músculos diretamente envolvidos nas ações musculares durante a realização de exercícios e atividades esportivas. Como a ativação elétrica muscular tem interferência direta na força produzida, é de se esperar uma relação entre esses dois parâmetros: EMG e força.

Na verdade, existe, sim, uma alta correlação entre elas, mas diferentes características podem influenciar tal condição. A imagem a seguir apresenta uma relação da força isométrica produzida (eixo horizontal) e da ativação elétrica muscular (eixo vertical) de três diferentes músculos (bíceps braquial, deltoide anterior e primeiro interósseo dorsal da mão).

Gráfico 4.2 Impulso elétrico e produção de força muscular

[Gráfico: Sinal eletromiográfico normalizado — Amplitude do RMS (eixo vertical, 0 a 100) versus Força (%) Percentual da contração máxima voluntária (eixo horizontal, 0 a 80).
Legenda:
● Bíceps (N = 61)
▲ Deltoide (N = 76)
■ Primeiro interósseo dorsal da mão (N = 43)]

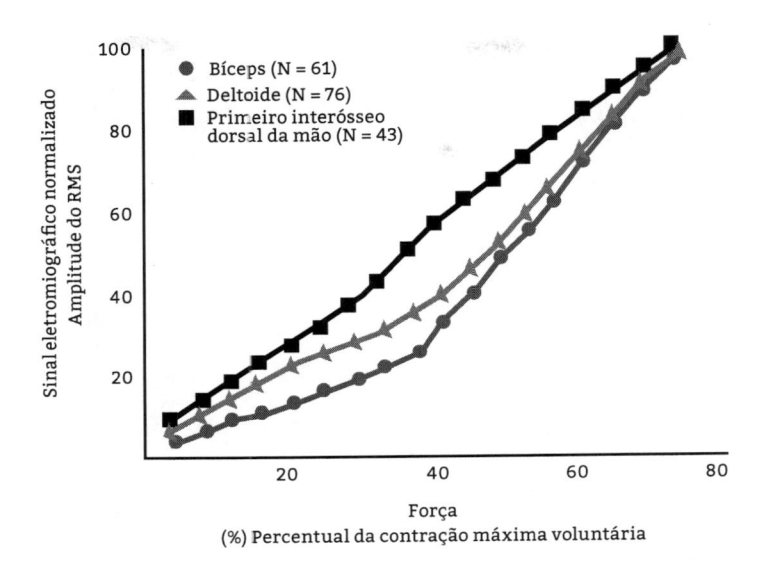

Fonte: Lawrence; De Luca, 1983, p. 1655, tradução nossa.

A imagem detalha a relação entre a intensidade do impulso elétrico (vertical) e a produção de força muscular (horizontal) em diferentes músculos. Porém, existem críticas à relação realizada entre a ativação verificada no músculo e a força muscular produzida por ele. Um exemplo ocorre quando se utiliza a EMG para o estudo da síndrome de dor patelofemoral.

De forma bem simplificada, essa síndrome acomete pessoas que têm um desequilíbrio entre os músculos vasto lateral e vasto medial, no qual um *delay* (atraso) na ativação do músculo vasto medial em relação ao vasto lateral acaba provocando uma lateralização da patela. Além disso, é comumente verificado que a ativação normalizada do vasto lateral (porcentagem do seu máximo isométrico) é significativamente maior do que do vasto medial, o que poderia também aumentar a lateralização patelar. Confira os detalhes na Figura 4.6, a seguir.

Figura 4.4 Forças musculares e lateralização patelar

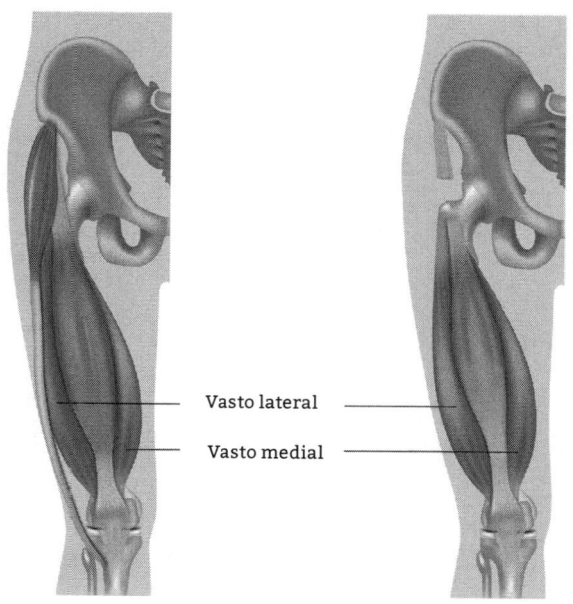

Vasto lateral
Vasto medial

Alila Medical Media/Shutterstock

A imagem mostra as diferenças na ativação (intensidade e instante) elétrica dos músculos vasto lateral e vasto medial e seu possível incentivo à lateralização da patela, o que pode causar desconforto e dor. Entretanto, alguns autores sugerem que apenas a ativação elétrica não conseguiria explicar tais fenômenos, pois essa condição de desequilíbrio só poderia ser explicada pela força gerada pelos músculos, não pela sua simples ativação. Por mais que a ativação elétrica e a força muscular apresentem certa relação, outros fatores – como a tensão específica e a área de secção transversa muscular – poderiam interferir e alterar tal relação (Hug; Hodges; Tucker, 2015).

Outro exemplo interessante é a relação entre a EMG e a hipertrofia gerada durante a execução de exercícios de musculação. É comum profissionais associarem uma maior taxa de ativação muscular (resposta aguda) com maiores ganhos de hipertrofia a longo prazo (resposta crônica). Além disso, alguns autores sugerem que o uso de movimentos mais velozes – especialmente nas fases concêntricas dos exercícios – e que geram maiores ativações poderiam ser mais vantajosos nos ganhos crônicos de massa muscular (Antunes et al., 2018).

Entretanto, novamente são necessários alguns critérios para que tais informações sejam interpretadas corretamente. A primeira delas é que são possíveis grandes taxas de estímulo muscular, principalmente do tipo tensional, com ativações elétricas relativamente reduzidas, como aquelas que ocorrem com músculos exercitados em posições de grande alongamento. Por exemplo: é bem provável que a ativação elétrica do bíceps femoral na mesa flexora seja maior do que a ativação observada durante o *stiff*. Entretanto, a força tensional observada no *stiff* (ver Figura 4.5), um exercício executado numa posição de grande alongamento muscular, provavelmente é maior. Sendo assim, ambos os exercícios seriam igualmente eficientes, por motivos diferentes, para gerar hipertrofia muscular.

Figura 4.5 Técnica de execução do exercício Stiff

Quanto à ideia de que a velocidade poderia gerar maiores ativações e que estas seriam mais vantajosas, as limitações são outras. A primeira diz respeito ao movimento da pele em relação ao músculo, sendo que os eletrodos literalmente "caminhariam" sobre diferentes posições musculares, sendo a interferência maior quanto maior for essa velocidade. Além disso, os estudos que utilizaram tal abordagem realizaram a pesquisa normalmente em equipamentos de dinamometria isocinética, dispositivos que permitem controlar a velocidade de forma constante ao longo de todo o arco de movimento e também uma contração voluntária máxima em todo o exercício.

O problema é que isso não possui muita relação com a realidade da prescrição de exercícios, pois, nesse equipamento, mesmo quando a maior velocidade é imprimida, não existe inércia (aceleração do equipamento), o que ocorre em máquinas de musculação convencionais. Isso significa que os efeitos gerados por maiores velocidades, testadas em um dinamômetro isocinético, só seriam "aplicáveis" em treinos realizados nesse mesmo tipo de equipamento, que se restringe basicamente à laboratórios de biomecânica.

Sendo assim, apesar de aumentos na velocidade de execução criarem aumentos no nível de ativação eletromiográfica muscular, não podemos inferir com absoluta certeza sobre quais seriam os efeitos crônicos de tais comportamentos. Como a resposta de ativação é aguda, fica difícil fazer inferências sobre os resultados em longo prazo. Para sanar tais dúvidas, são necessários estudos controlados que se disponham a investigar tais condições.

ııı Síntese

O conhecimento da forma com que controlamos o tecido muscular é fundamental para a escolha de exercícios que posam ativar os músculos a serem treinados. Além disso, o conhecimento a respeito de quais são os músculos envolvidos em certos movimentos esportivos nos permite melhorar a técnica e, por consequência, o desempenho nas atividades.

A eletromiografia parece ser a técnica mais adequada para identificar essa ativação muscular, monitorar efeitos de treinamento e permitir comparações entre membros homólogos, saudáveis ou patológicos. Entretanto, o profissional de educação física precisa ter consciência das limitações impostas por tais técnicas e interpretar os resultados com cuidado para que deduções equivocadas não sejam tomadas.

Também destacamos os seguintes tópicos:

- O controle muscular se dá pela geração de impulsos elétricos criados pela entrada e pela saída dos íons de sódio do interior da membrana celular. Essa entrada se dá de forma passiva, sem gasto energético, apenas em favor do gradiente de concentração e em razão das diferenças de polaridade. Já a saída de íons exige consumo de energia, permitindo que a bomba de sódio e potássio retire gradualmente o excesso de íon e restabeleça a polaridade da membrana.
- A modulação desse impulso elétrico permite que o recrutamento de fibras musculares aconteça, sempre no sentido da mais fraca e resistente para a mais forte e potente, possibilitando que o indivíduo utilize sempre o mínimo de energia possível para o cumprimento satisfatório da tarefa.
- Como essa atividade elétrica de recrutamento muscular é fundamental para o controle nos exercícios, o próprio desenvolvimento da força é estritamente dependente de tal fator, sendo que esse aspecto deve sempre ser levado em consideração quando rotinas de exercício para o aumento da força e da potência muscular estão sendo desenvolvidas.
- O melhor recurso para a verificação de tal mecanismo de controle (impulsos elétricos musculares) é a eletromiografia. Essa técnica de avaliação (em alguns casos, também de *feedback*) permite estimar quais são a magnitude e o volume de impulsos elétricos que chegam ao tecido muscular, permitindo assim o melhor entendimento de

sua importância na geração do movimento que se deseja avaliar.

■ Atividades de autoavaliação

1. A frequência dos disparos elétricos é determinada pela velocidade das trocas iônicas ao redor da membrana da fibra muscular. Essa frequência acaba determinando o volume e o tipo das fibras que serão recrutadas para a realização da atividade física. Conhecendo essas informações e a respeito desse assunto, é correto afirmar:

   a) A entrada dos íons de Na+ no interior da fibra muscular, com a abertura dos canais para tal íon, ocorre em favor do gradiente de concentração e em razão das diferenças de polaridade do íon e do meio intracelular, o que não exige gasto de energia.

   b) A saída dos íons de Na+ do interior da célula muscular é um processo lento e gradativo, podendo durar de vários segundos até alguns minutos, o que explica a lentidão do relaxamento muscular em comparação com a alta velocidade de contração.

   c) As fibras musculares são recrutadas em uma determinada ordem para sempre garantir o menor gasto de energia possível e o cumprimento adequado da tarefa. Sendo assim, sempre recrutaremos inicialmente as fibras mais fortes e potentes e, subsequentemente, se necessário, as mais fracas e lentas.

   d) Não existe uma relação direta entre o treinamento e o desenvolvimento da força muscular no que diz respeito à atividade elétrica necessária para seu controle. Independentemente do volume, da intensidade ou mesmo da posição adotada pelo executor do exercício, as adaptações geradas no contexto neuromuscular são exatamente as mesmas.

2. Leia as situações descritas a seguir e assinale aquela em que a eletromiografia poderia ser útil na obtenção de uma resposta:

   a) Avaliação da coordenação muscular de um indivíduo que sofreu um acidente vascular cerebral (AVC) e que teve o padrão de movimentação dos membros inferiores afetados pelo problema.

   b) Determinação das diferenças de hipertrofia causadas pela execução de dois diferentes exercícios (supino reto e supino inclinado) para o desenvolvimento da massa muscular do músculo do peitoral maior.

   c) Avaliação da força muscular desenvolvida durante a execução de um movimento de salto vertical por um atleta de voleibol que está se recuperando de uma entorse de tornozelo.

   d) Medição do nível de atividade elétrica do córtex motor durante a execução de um exercício de levantamento terra com a carga relativa a uma repetição máxima.

3. Leia o parágrafo a seguir:

   > Desse modo, quando falamos de treinamento de hipertrofia voltado ao desenvolvimento de habilidades atléticas específicas, é preciso se atentar para as demandas do esporte. Em algumas condições, exercícios executados em determinadas amplitudes podem levar ao desenvolvimento de maior ou menor massa muscular em graus de movimentos distintos e, desse modo, influenciar positiva ou negativamente a execução do gesto esportivo.

   Esse texto diz respeito a adaptações específicas causadas pelo exercício. Sendo assim, assinale a alternativa que está correta a respeito do excerto indicado anteriormente:

   a) O texto está completamente correto e explica porque a escolha de exercícios executados em diferentes amplitudes pode gerar diferentes graus de hipertrofia e, assim, influenciar diretamente no desempenho de alguns esportes.

b) O texto não faz sentido, tendo em vista que a amplitude de movimento utilizada para a execução de exercícios com pesos não gera nenhum tipo de influência no resultado final do treinamento, seja buscando aumento de força, seja de massa muscular.

c) Os termos *hipertrofia* e *massa muscular* devem ser substituídos pela palavra *força* para que o excerto possa estar correto.

d) Para que o texto tenha sentido, é necessário substituir a expressão "executados em determinadas amplitudes" por "executados com determinadas cargas", pois apenas o peso utilizado no exercício é capaz de gerar as diferenças nas adaptações que foram citadas.

4. A eletromiografia é extremamente útil; porém, como toda forma de avaliação, apresenta limitações. Sendo assim, assinale a alternativa que contém as principais limitações da utilização de técnicas de eletromiografia para a medição da atividade elétrica muscular:

   a) A eletromiografia de superfície, técnica mais comum para a realização desse tipo de análise, tem maior dificuldade de avaliar músculos superficiais e calibrosos, sendo mais útil na avaliação de músculos pequenos e profundos.

   b) Como os eletrodos são posicionados sobre a pele, diretamente colados ao corpo, o sinal eletromiográfico medido não sofre praticamente nenhuma interferência, sendo o resultado final encontrado muito fiel ao estímulo elétrico gerado internamente no músculo.

   c) Apesar de existirem limitações na utilização da eletromiografia voltada à análise dos exercícios com peso, existe uma relação clara e direta entre a tensão produzida e a atividade elétrica mensurada, sendo possível utilizar tal parâmetro para definir o exercício mais adequado quando abordagens tensionais são escolhidas.

d) Apesar de existir uma correlação entre a atividade elétrica muscular e a força desenvolvida pelo tecido, essa relação não é direta, sendo necessário ter cautela quando tal associação for realizada.

5. Em uma avaliação eletromiográfica, é possível identificar modificações do sinal que estão diretamente relacionadas a uma maior capacidade de ativação muscular. Qual das modificações a seguir atende a essa condição?

    a) A verificação de uma maior frequência dos disparos elétricos.
    b) O aumento da força muscular produzida.
    c) O aumento da amplitude de movimento articular.
    d) O aumento da flexibilidade dos tecidos.

Atividades de aprendizagem

Questões para reflexão

1. Imagine que você, agora, é o preparador físico de um atleta de dada modalidade esportiva na qual as categorias são determinadas pela massa do indivíduo. Pode ser MMA, judô ou levantamento de peso. O técnico desse atleta pediu que você trabalhasse atividades na sala de musculação que desenvolvessem a força muscular, mas não pode haver ganhos de massa, já que ele passaria para outra categoria. É possível fazer isso? Se possível, como explicar essa condição?

2. E se, em vez de um atleta, sua responsabilidade fosse a de treinar seus avós? Eles precisam manter a força e a potência muscular? Como fazer isso?

Atividade aplicada: prática

1. Como forma de você observar de que maneira o nível de ativação interfere diretamente no controle muscular e, por consequência, na força, vamos acompanhar esses efeitos diretamente? Se você é sedentário, então é uma ótima oportunidade de iniciar a prática regular de exercícios. Se você já treina, incentive alguém a começar e, depois, acompanhe seus resultados. Em uma planilha, anote os aumentos de cargas em um ou dois exercícios realizados na sala de musculação. Do mesmo modo, utilize uma fita métrica para avaliar a evolução do ganho de massa muscular nos membros envolvidos nesses exercícios. Se você for acompanhar as cargas no *leg press*, anote o tamanho da circunferência da coxa. Se for no exercício de rosca direta, faça o mesmo com a circunferência do braço. Faça uma anotação por semana, sempre no mesmo dia. Um período de 6 a 8 semanas já é suficiente. O que você encontrou? O que aumenta com mais velocidade, a força ou a massa? Você consegue explicar isso?

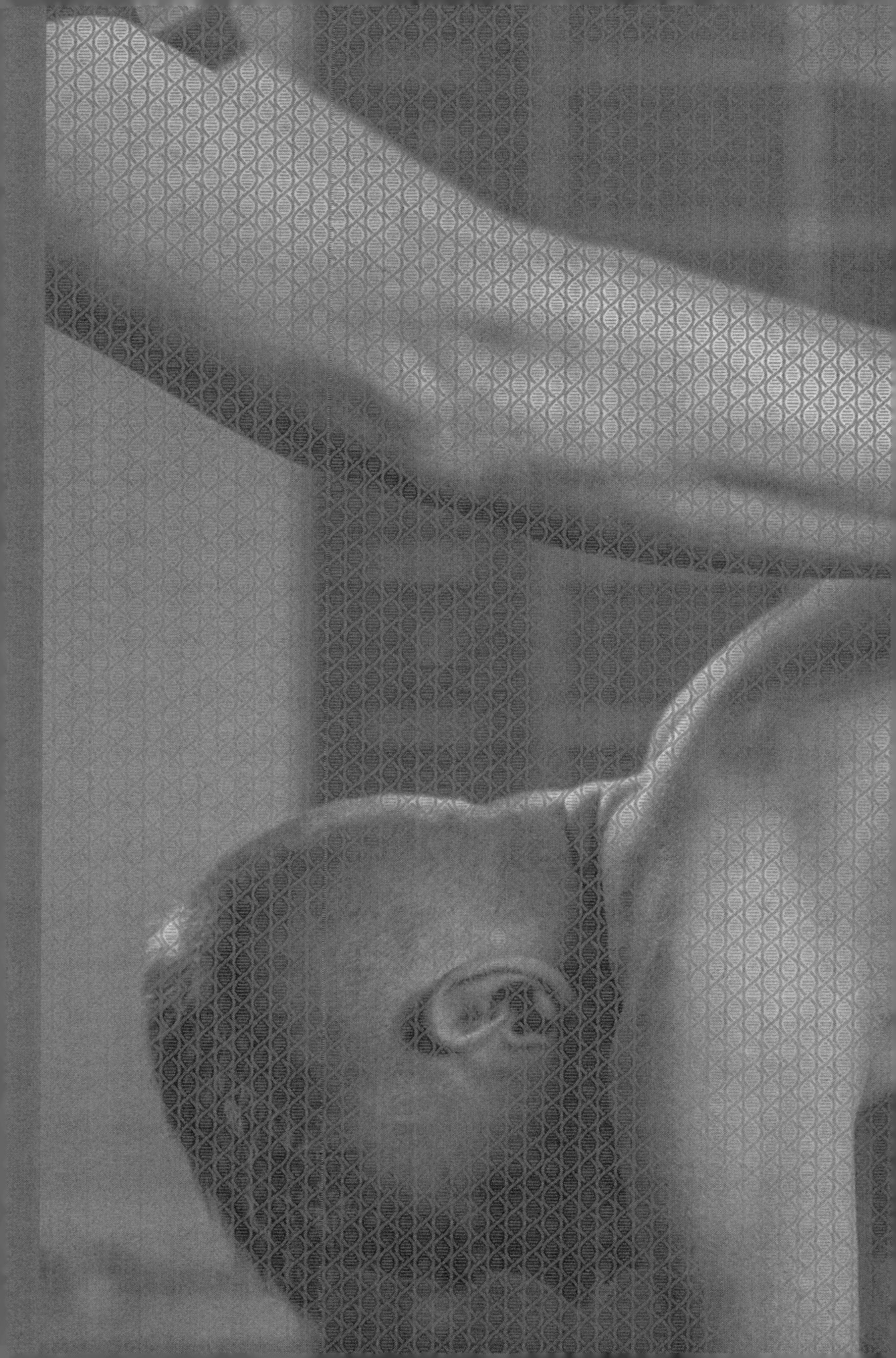

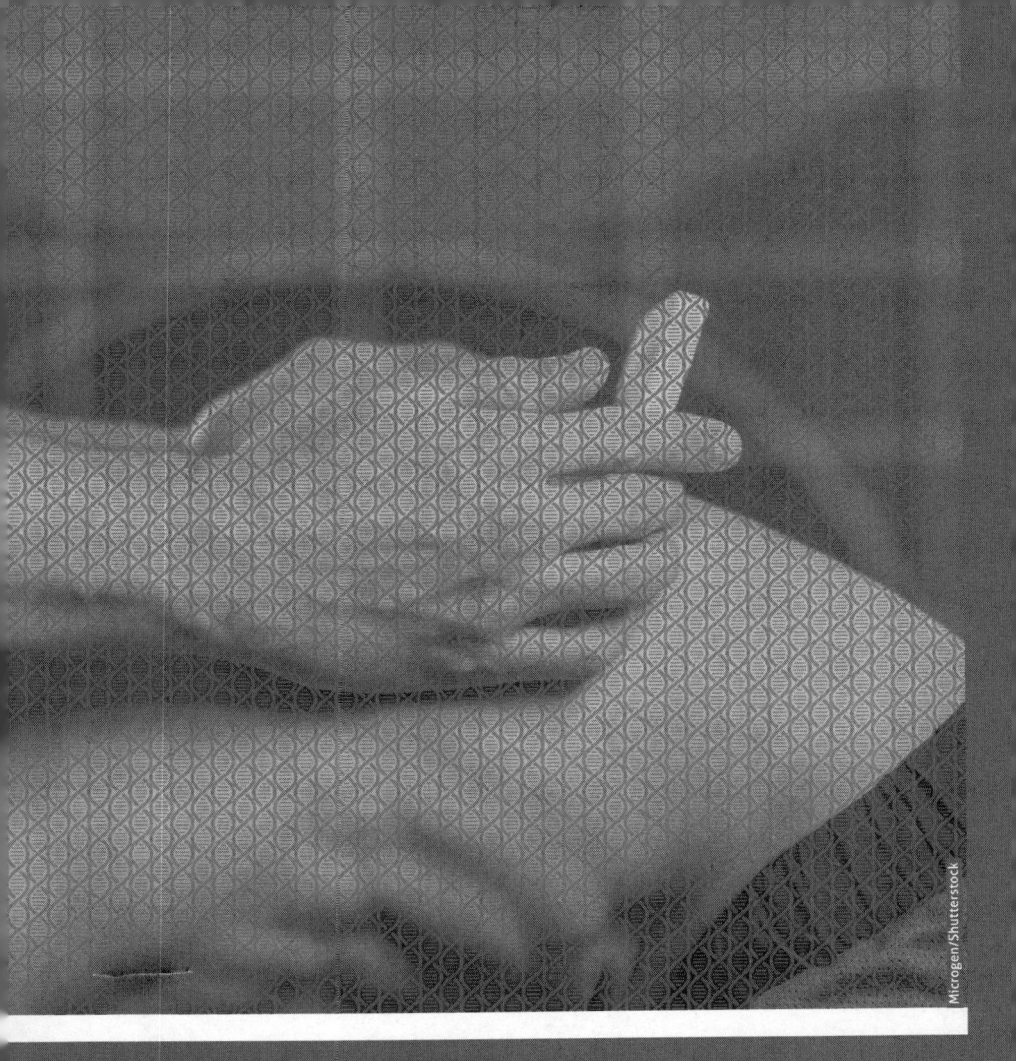

Capítulo 5

Forças, controle postural e equilíbrio

Todo movimento humano é gerado pela contração do tecido muscular, especialmente o estriado esquelético. Esse movimento é produto da força mecânica conseguida com a quebra de moléculas ricas em energia, como vimos anteriormente. Essa força gerada internamente acaba se propagando por todo o organismo e expondo diferentes tipos de tecido aos mais diversos estresses, como tensões, compressões e cisalhamentos.

Como os tecidos biológicos são dinâmicos, eles reagem modificando sua estrutura e ficando mais eficientes para lidar com tais tipos de estresse. Sendo assim, compreender como as forças agem dentro e fora de nosso organismo é fundamental para entender os efeitos do exercício sobre o corpo humano, já que grande parte do estímulo gerado por tal tipo de atividade acaba sendo estímulo mecânico. Além disso, as forças de interação de nosso corpo com o ambiente permitem que o movimento seja realizado, sendo ele potente e de grande amplitude ou pequeno e quase imperceptível, como os que acontecem no controle postural durante atividades dinâmicas.

Assim sendo, a capacidade dos sistemas aferentes em perceber essas mudanças nas forças dentro e fora de nosso corpo permite que o sistema nervoso central (SNC) produza internamente uma força muscular de mesma magnitude, mas em sentido contrário, anulando as forças externas e permitindo a manutenção da condição postural. Desse modo, é fundamental que o profissional de educação física entenda os efeitos das forças sobre o organismo, conheça as formas de medição e perceba suas relações com a realização de atividade físicas, sejam esportivas ou cotidianas.

5.1 Cinética básica

Sempre que nos movemos, fazemos isso porque a energia química produzida pelo tecido muscular se transforma em força mecânica. Essa força acaba interagindo com o ambiente – seja com o chão logo abaixo de você, seja com outros objetos ao seu redor – e permite que você se locomova, salte, corra, lance ou realize qualquer outro tipo de movimento.

Todavia, para que entendamos como as forças interagem conosco e qual é a relação delas com exercício e esporte, inicialmente precisamos tratar de conceitos básicos. Entre estes estão as relações descobertas e sistematizadas pelo físico Isaac Newton (1642-1727) e que deram origem às suas leis.

A **primeira lei** newtoniana é a Lei da Inércia. Ela estabelece que um corpo irá manter seu estado de repouso ou de velocidade constante, a menos que uma força externa atue sobre ele e altere seu estado. Basicamente, o objeto imóvel permanecerá imóvel se ninguém for lá e impuser uma força sobre ele, assim como o indivíduo em movimento (sobre um *skate*, por exemplo) permanecerá em movimento, a não ser que alguma força aja sobre ele (Hall, 2016).

Porém, não pense que apenas forças "visíveis" podem atuar, como um outro indivíduo tocando o primeiro. A força de atrito entre os objetos, a força da gravidade e a própria resistência do ar são forças que atuam constantemente sobre pessoas e objetos em movimento e podem acabar interferindo em sua velocidade de deslocamento. Desse modo, quando uma bola é chutada ao gol, gradativamente vai perdendo velocidade, pois algumas forças estão interferindo em sua inércia.

A **segunda lei** é a lei da aceleração, na qual uma força, quando aplicada a um corpo, provoca uma aceleração em uma magnitude proporcional à força, na mesma direção e inversamente proporcional à massa do corpo (Hall, 2016). A lei da aceleração é especialmente útil quando estudamos movimentos diários e esportivos, pois a aceleração dos segmentos corporais e do indivíduo como um todo é, então, proporcional à capacidade muscular de gerar força. Isso explica uma série de relações, como a força muscular para a execução de atividades esportivas que requerem muita potência, ou mesmo a importância de se manter relativa força muscular ao longo do envelhecimento, para que a funcionalidade e a independência sejam preservadas.

A **terceira lei** é a lei da ação e reação, a qual determina que cada força aplicada é acompanhada de uma força de reação, de igual magnitude, mas no sentido contrário de aplicação da primeira. Essa lei explica porque, quando nos locomovemos, empurramos o chão para trás e como esse movimento gera uma força capaz de nos impulsionar para frente (Hall, 2016). Em alguns equipamentos (como as plataformas de força, que serão apresentadas a seguir neste capítulo), é a observação desse princípio que nos permite estudar as forças de interação entre o indivíduo e o ambiente, além de, com essas informações, conseguir calcular ao redor de cada uma das articulações as forças produzidas e que compuseram a força final mensurada.

Além das leis de Newton, outros conceitos são importantes para estudarmos a interação entre os corpos. Entre eles podemos destacar o atrito, o momento, o impulso e o impacto (Hall, 2016).

O **atrito** é a força que atua quando duas superfícies estão em contato no sentido oposto ao que o movimento está ocorrendo, ou quando ele está prestes a acontecer. Como o atrito é uma força, ele é quantificado em newtons (N) e sua magnitude acaba determinando parcialmente a dificuldade – ou a facilidade – de movimento entre dois objetos que estão em contato. Um maior atrito, em algumas condições, pode facilitar a transmissão de forças entre dois objetos, como o calçado de um velocista e a pista de atletismo. Por esse motivo, vemos pinos no solado da sapatilha, que permitem que a força de atrito seja a maior possível e que não exista perda da energia gerada pelo corredor em razão de um escorregão do pé.

O **momento** pode ser definido como a quantidade de movimento que um objeto apresenta e, de forma mais específica, equivale ao produto da massa de um objeto por sua velocidade. Sendo assim, um objeto parado não possui momento. Quando dois objetos colidem, a sua velocidade e a sua massa vão definir qual é o momento resultante. Imagine dois jogadores de futebol americano colidindo em uma jogada, mas um deles com mais massa e mais velocidade e o outro com menos massa e mais lento. Fica claro deduzir que o movimento final dessa colisão será na mesma direção do movimento executado pelo jogador maior e mais rápido.

Impulso é a alteração do estado de inércia causado por uma força em um objeto, alterando o momento presente no sistema, e depende diretamente do tempo de aplicação dessa nova força. Quando um impulso é aplicado, o momento do sistema se altera, e essa alteração é diretamente proporcional à força aplicada e ao seu tempo de aplicação. Utilizando o mesmo exemplo anterior, se o jogador mais forte e rápido apenas tocar o outro, uma pequena mudança em seu momento ocorrerá, pois o tempo de aplicação da força foi muito curto (um instante). Entretanto, se for possível bater e agarrar o oponente, uma modificação mais clara e significativa irá ocorrer.

O **impacto** é o contato muito rápido entre dois objetos, no qual a interação de forças entre eles é relativamente grande. Uma rebatida no beisebol ou o golpe de uma raquete sobre a bola no tênis são bons exemplos de impacto. Podemos ainda citar o contato do pé com o solo durante movimentos de locomoção, como caminhadas e corridas, e assim entender o motivo pelo qual a indústria de calçados esportivos se preocupa tanto com o desenvolvimento de tênis com solados que possuem dispositivos de amortecimento.

Todos esses aspectos citados anteriormente são fundamentais quando interpretamos o movimento humano. Entretanto, precisamos lembrar que eles são produtos da força muscular que usamos para gerar nossos movimentos e que essa força também precisa ser avaliada em inúmeras situações. Para tal condição, utilizamos procedimentos específicos que fazem parte de uma área de avaliação da biomecânica, chamada ***dinamometria***.

5.2 Dinamometria: avaliação das forças musculares

As forças geradas pelos músculos são fundamentais para que todas as tarefas diárias, exercícios e atividades esportivas possam ser desenvolvidas. Como existe uma relação direta entre força muscular e funcionalidade, podemos fazer inferência sobre a saúde e o desempenho humano por meio desse tipo de avaliação (Schneider; Benetti; Meyer, 2004). Em algumas condições, é necessário que essa força precise ser avaliada e mensurada – por exemplo, quando um atleta parece apresentar desequilíbrios musculares entre as partes anterior e posterior da coxa, ou quando precisamos verificar a eficácia de certa rotina de treinamentos.

Sendo assim, ao longo do tempo, diferentes procedimentos experimentais e equipamentos foram desenvolvidos para esse propósito e a área da dinamometria (parte da biomecânica responsável por avaliar as forças sobre os corpos) foi gradativamente desenvolvida.

Um dinamômetro é qualquer tipo de equipamento que consegue medir e traduzir a aplicação de uma força.

Um dinamômetro é qualquer tipo de equipamento que consegue medir e traduzir a aplicação de uma força. Em geral, essa força é representada em N (Newtons) ou kgf (quilograma-força).

No caso da avaliação da força muscular, os mais populares e comuns dinamômetros são apresentados na Figura 5.1, a seguir.

Figura 5.1 Exemplos de dinamômetros

Will Amaro

A imagem mostra três exemplos de dinamômetros: de preensão manual (à esquerda), de tração na extensão lombar (à direita) e de tração na cintura escapular (abaixo). Cada um deles consegue mensurar a força muscular de diferentes grupos musculares e, assim, relações sobre essa força específica, saúde, desempenho e funcionalidade podem ser realizadas.

Esses dinamômetros são de simples operação e apresentam um custo bastante acessível, o que explica sua ampla utilização nas mais diversas áreas da educação física. Entretanto, eles apresentam limitações. A principal delas diz respeito à forma de contração avaliada (isometria) e a pontualidade dos grupos musculares envolvidos na tarefa. Sendo assim, outros equipamentos mais elaborados (e, consequentemente, mais caros) foram desenvolvidos ao longo do tempo, para que melhores avaliações pudessem ser realizadas.

Um desses equipamentos é a célula de carga (Figura 5.2, a seguir). Assim como os dinamômetros apresentados anteriormente, ele também sofre limitações por conseguir avaliar apenas contrações isométricas, pois é um dispositivo que avalia a deformação causada por forças compressivas ou tensionais e que traduz os dados resultantes em uma voltagem que, depois, é transformada num valor de carga (N ou mesmo kg). A vantagem da célula de carga é sua precisão e sua reprodutibilidade, além de seu baixo custo. Elas ainda podem ser adaptadas em máquinas de musculação ou mesmo presas a barras e halteres, pois assim permitem que movimentos similares àqueles realizados na academia possam ser então mensurados.

Figura 5.2 Dinamômetro do tipo célula de carga

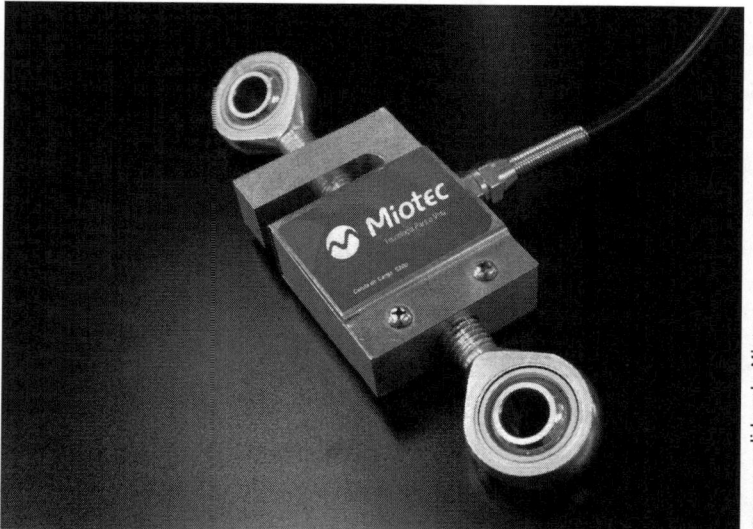

Imagem cedida pela Miotec.

O dinamômetro visto na imagem (do tipo célula de carga) é utilizado para medir forças de compressão e tensão uniaxiais (impostas em apenas um eixo). Entretanto, de todos os dinamômetros disponíveis para avaliação da força muscular, o mais adequado ainda é o dinamômetro isocinético (Figura 5.3, a seguir). Esse dinamômetro se assemelha muito a uma máquina como as de musculação, mas possui todo um sistema eletromecânico que é capaz de controlar a velocidade de execução dos movimentos dos indivíduos que estão sendo avaliados.

Figura 5.3 Equipamento de dinamometria isocinética

cirkoglu/Shutterstock

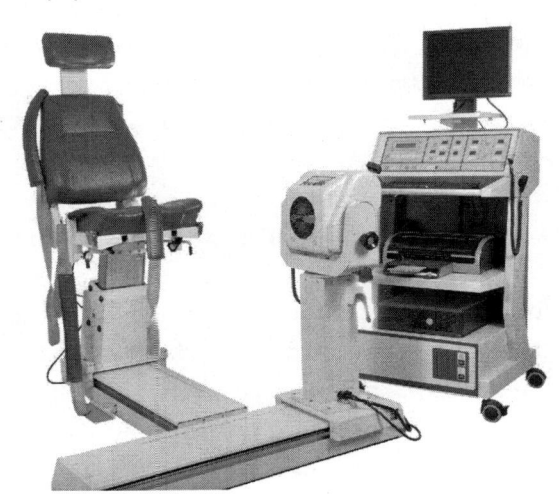

O equipamento de dinamometria isocinética mostrado na imagem é utilizado para avaliar as forças (torques) ao redor das articulações. Esses equipamentos foram inicialmente utilizados nos anos 1970, sendo muito popularizados na década de 1980, incentivando a produção de uma grande quantidade de trabalhos de investigação na área da reabilitação e do treinamento esportivo (Aquino et al., 2007).

Com esse equipamento é possível medir a força gerada em atividades lentas ou rápidas, dinâmicas ou isométricas, inclusive de grupos musculares que são antagônicos ao mesmo tempo. Assim, é possível, por exemplo, avaliar desequilíbrios musculares ao redor de uma articulação e que poderiam ser prejudiciais.

Outra vantagem é que, por ser possível controlar de forma muito sensível a velocidade de execução, a reprodutibilidade dos protocolos de testagem é muito alta, garantindo assim que avaliações em dias ou indivíduos diferentes aconteçam sempre exatamente da mesma maneira.

Como todo tipo de dispositivo de avaliação, naturalmente o dinamômetro isocinético também é passível de críticas. A principal delas é justamente em relação a sua principal característica: a velocidade constante. Apesar de essa característica ser muito útil em procedimentos de avaliação, ela não se assemelha em nada com a realidade da execução de movimentos e exercícios. Desse modo, a característica de movimento testada não parece fazer parte do "mundo real".

Desse modo, outras técnicas de avaliação precisaram ser desenvolvidas com o intuito de melhor representar o mundo real. Entretanto, não é possível construir um equipamento que "generalize" todas as condições, sendo que cada contexto precisa ser analisado individualmente, e procedimentos específicos devem ser desenvolvidos para esse fim. Assim, para a avaliação de importantes atividades funcionais diárias, foi percebida a utilidade da observação das forças de reação do solo.

5.3 Equilíbrio dinâmico e forças de reação do solo

O controle da postura de pé depende de informações sensório-motoras como base para a representação interna do corpo pelo SNC. Esse controle, por meio de estratégias adequadas, assegura a estabilidade do sistema (Vieira; Oliveira, 2006). Sendo assim, essas correções da posição do tronco e dos membros, apesar de serem realizadas de maneira bastante natural e quase automática, exigem do organismo um alto nível de precisão na leitura e na interpretação das informações e na escolha dos ajustes necessários para tal.

O desenvolvimento de todo esse sistema complexo começou milhões de anos atrás (Figura 5.4, a seguir). A partir do momento em que, no processo de evolução, passamos de seres quadrúpedes para bípedes, nossa base de suporte para a manutenção da postura ortostática (em pé) e locomoção ficou bastante reduzida. Com isso, todo nosso sistema para captar informações sobre a posição do corpo precisou evoluir, assim como nossa capacidade de utilizar os músculos para realizar os ajustes necessários a fim de nos mantermos estáveis.

Figura 5.4 Evolução da postura dos ancestrais humanos

A imagem mostra a evolução postural desde os nossos ancestrais até hoje, passando de uma posição quadrúpede até chegar a uma posição bípede. Por definição, quem tem um bom equilíbrio consegue se manter sobre sua base de apoio. Essa base muda constantemente, dependendo da posição em que nos encontramos no espaço (conforme mostra a Figura 5.5, a seguir).

Quando estamos sentados, nossa base de apoio é a área de nossas coxas, que estão em contado com o banco, o que é uma enorme base e que, por consequência, acaba facilitando bastante a ação de se manter equilibrado. Quando ficamos em pé, a nossa base de apoio é drasticamente reduzida, pois agora fica restrita à área ocupada pelos pés e entre eles. Sendo assim, a quantidade de ajustes necessários para que possamos permanecer nessa posição sem perdemos o controle passa a ser muito maior. Se começamos a nos locomover, nossa base, que já era reduzida, agora fica ainda menor, principalmente quando estamos em uma fase do caminhar em que apenas um dos pés está em contato com o solo. Além disso, essa base agora passa a ser dinâmica, ou seja, não se encontra constantemente no mesmo lugar, o que multiplica a dificuldade de realizarmos a manutenção desse equilíbrio.

Figura 5.5 Diferentes bases de apoio na manutenção da postura

Como o próprio título atesta, a imagem mostra diferentes bases de apoio durante a manutenção da postura, seja ela sentada (grande base), seja ortostática (em pé, base reduzida), seja durante a marcha (caminhada, base dinâmica). Porém, estamos preparados para conseguir realizar de uma forma bastante eficiente o controle de nosso tronco e membros e, dessa forma, conseguirmos realizar com um esforço mínimo todos os ajustes necessários para tarefas até muito mais complexas do que a simples locomoção, como a prática de atividades esportivas, sem que haja a perda do controle do equilíbrio.

Vamos entender, de forma simples, como funciona todo o sistema de controle de equilíbrio, seja na parte de aquisição de informações (aferente), seja na parte de ajustes corporais (eferente). Observe, a seguir, a Figura 5.6.

Figura 5.6 Sistemas de controle do equilíbrio

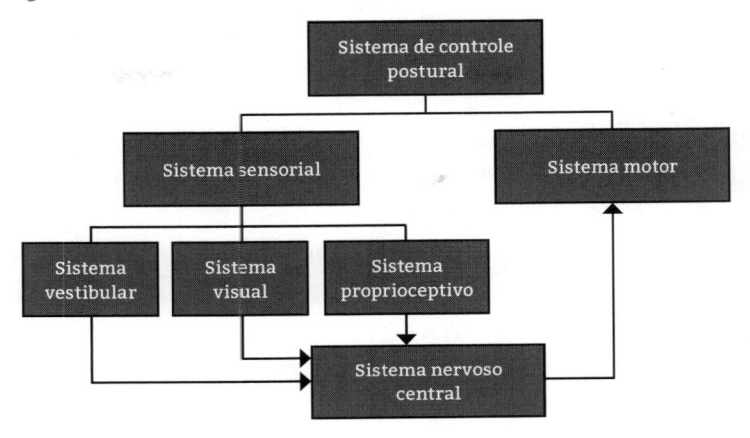

```
                    ┌─────────────────────┐
                    │ Sistema de controle │
                    │      postural       │
                    └─────────────────────┘
                       │              │
              ┌────────┴──────┐   ┌───┴──────────┐
              │ Sistema sensorial │   │ Sistema motor │
              └───────────────┘   └──────────────┘
         ┌────────┬─────────┐              ▲
         ▼        ▼         ▼              │
   ┌──────────┐ ┌──────┐ ┌──────────────┐  │
   │ Sistema  │ │Sistema│ │   Sistema    │  │
   │vestibular│ │visual │ │proprioceptivo│  │
   └──────────┘ └──────┘ └──────────────┘  │
         │        │         │              │
         └────────┼─────────┘              │
                  ▼                        │
         ┌──────────────────┐              │
         │ Sistema nervoso  │──────────────┘
         │     central      │
         └──────────────────┘
```

A imagem mostra a organização dos sistemas responsáveis pela aquisição (sensorial) e pela responsividade (motor) do corpo para a manutenção do equilíbrio. Para que os controles da postura e do equilíbrio sejam possíveis, é preciso que informações provenientes do meio externo e do meio interno sejam adquiridas de forma constante. Essas informações são unidas e processadas, e a melhor estratégia de ajuste no sistema muscular esquelético para a mudança da posição de um membro ou do tronco é, então, escolhida e executada. Quanto maior o nível de treinamento e experiência do indivíduo, mais eficientes são as ações motoras para tal finalidade (Yoshitomi et al., 2006).

Entre os sistemas responsáveis pela aquisição de informações estão o **sistema vestibular**, o **sistema visual** e o **sistema proprioceptivo**. Cada um deles fornecerá diferentes perspectivas sobre o que está acontecendo e, juntos, conseguirão fornecer ao SNC todas as informações necessárias para que um diagnóstico preciso sobre a posição do corpo possa ser realizado.

O **sistema visual** é, provavelmente, o mais importante dos três citados, e é dele que nós mais somos dependentes para decidir como e qual ajuste realizar. O sistema visual nos fornece noções sobre a verticalidade, utilizando objetos próximos a nós, como portas, paredes e janelas como parâmetro de comparação da nossa posição e a posição do ambiente. Apesar de o sistema visual ser extremamente importante, não quer dizer que não possamos ter controle de nosso equilíbrio sem sua ajuda. Quando fechamos os olhos, por exemplo, não cairemos necessariamente. Porém, é fácil perceber que, na falta de informações visuais, todo o sistema de controle de equilíbrio começa a ficar receoso sobre que tipo de ajustes é necessário realizar. Imagine você andando pela sua casa, à noite e, de repente, a luz acaba. Você já percebeu que, mesmo que nos encontremos num ambiente livre, sem objetos à nossa frente, nós ficamos receosos de continuar caminhando? Essa dependência pode ser bastante reduzida caso o sistema visual seja muito falho, ou até inexistente, como acontece com pessoas com problemas de visão ou mesmo cegas. Neste último caso, os outros sistemas (vestibular e proprioceptivo) acabam ganhando mais importância e assumindo o papel que, antes, era da visão.

O sistema vestibular é formado pelo ouvido interno e por todos os seus componentes (veja a ilustração a seguir).

Figura 5.7 Organização estrutural do sistema vestibular

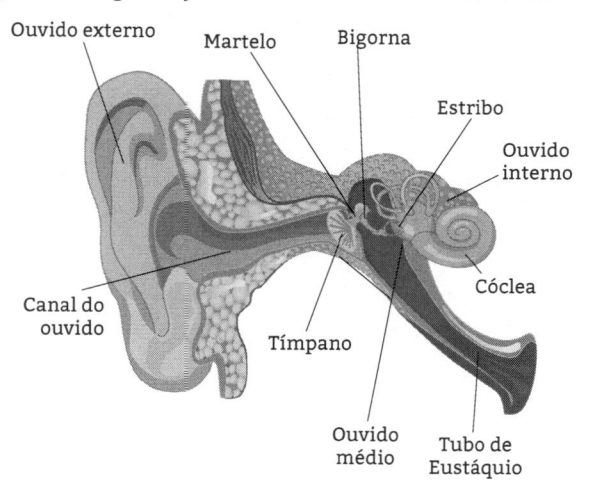

Basicamente, o que essas estruturas fazem é funcionar como um sensor da ação da gravidade, nos informando qual é a posição da nossa cabeça em relação à ação vertical dessa força. Essa estrutura toda é oca e, no seu interior, existem inúmeros pequenos sensores e um líquido que a preenche. Quando movemos nossa cabeça, o líquido no interior dessa estrutura se move e, por consequência, ativa alguns sensores com os quais o líquido entra em contato. Como a posição do líquido sempre é nivelada (pela ação da gravidade), esses sensores acabam nos fornecendo uma excelente informação da posição da cabeça em relação a uma linha vertical.

É fácil notar como age essa estrutura no auxílio da manutenção de nosso equilíbrio: experimente rodar várias vezes, de forma bem rápida, e, de repente, pare. Você irá perceber que, apesar de ter certeza de estar parado, existe ainda uma sensação de que a cabeça continua se movendo, e em alguns casos fica praticamente impossível manter um equilíbrio adequado por alguns momentos. Isso acontece porque o movimento causa uma forte oscilação no líquido que preenche a estrutura vestibular. Mesmo após o encerramento do movimento da cabeça, o líquido continua se movendo por um tempo e, por isso, mandando informações sobre um movimento que, na verdade, não ocorre mais. Alguns tipos de patologia que afetam o ouvido interno também podem causar dificuldades na manutenção do equilíbrio (por exemplo, a labirintite), pois acabam gerando informações de forma involuntária e que não têm qualquer relação com o movimento real da cabeça do sujeito.

O **sistema proprioceptivo** talvez seja o mais complexo dos três sistemas citados e o mais difícil de compreender. Na verdade, ele é um conjunto de percepções que envolvem o encurtamento e o alongamento de músculos e tendões, a posição das articulações e de todos os segmentos corporais, a sensação de pressão na planta de nosso pé e em todos os músculos de nosso corpo, entre tantas outras. O sistema proprioceptivo acaba nos ajudando a perceber a inércia dos segmentos e, desse modo, auxilia a saber quando estamos parados e quando estamos nos movendo, quando aplicamos mais ou menos força num ponto específico dos pés, qual é o sentido do movimento que executamos, qual é a posição dos membros em relação ao tronco, além de mais uma série de percepções.

Apesar de parecer quase irrelevante, o sistema proprioceptivo é fundamental para uma série de ações diárias, como a locomoção. Vejamos um exemplo: em pessoas com diabetes descontrolado, um dos efeitos colaterais é a perda da sensibilidade na sola dos pés, conhecida como *síndrome do pé diabético*. Esse fato acaba influenciando diretamente a qualidade e o controle da marcha (caminhada) e acaba causando um aumento da incidência de quedas nessa população, mesmo que os outros sistemas (visual e vestibular) estejam em perfeito funcionamento.

É curioso saber que, por vezes, esses sistemas podem entrar em desacordo, fornecendo informações que não são necessariamente compatíveis, o que causa alguns conflitos sensoriais. Podemos citar o exemplo de quando paramos o carro em uma subida, esperando o sinal abrir. Nesse momento, permanecemos com o pedal do freio acionado e o carro totalmente imóvel. O sistema visual diz que o carro está parado – pois, realmente, não existe movimento executado –, o vestibular também concorda – pois a cabeça não se move – e o proprioceptivo confirma a informação, porque a pressão de nosso corpo com o banco é constante. Porém, num dado momento, o carro ao lado começa um movimento bem lento para a frente e, mesmo sem olharmos diretamente para o veículo, nossa visão periférica capta esse movimento. E o que fazemos? Pisamos mais forte ainda no freio, pois achamos que o nosso carro é que está descendo e não o outro que está subindo.

Por que fazemos isso? O sistema visual começou a fornecer informações que, agora, conflitam com os outros dois sistemas, pois visualmente "achamos" que estávamos descendo, já que nossa posição em relação ao carro ao lado acabou mudando. Na dúvida, agimos de forma a tentar parar o "movimento" do nosso carro, apesar de ele nunca ter acontecido. Como os sistemas são independentes, esse tipo de situação pode ocorrer e acabar nos "enganando" temporariamente.

Com todas as informações adquiridas, começa a segunda fase no processo de controle de equilíbrio: os **ajustes**. Esses ajustes são realizados pelo sistema muscular estriado esquelético e envolvem a realização de contrações por todo o corpo, para que a posição desejada possa ser assumida da forma mais eficiente possível. Quando falamos da manutenção da postura ortostática, a contração ao redor das articulações dos membros inferiores – principalmente tornozelo e quadril – acaba sendo a mais importante para que continuemos em pé.

Existem diversas formas para conseguirmos avaliar como fazemos esse controle. Uma dessas formas envolve a avaliação de como aplicamos força no solo enquanto permanecemos em uma postura bipodal (dois pés) ou unipodal (um pé). Essas forças acabam gerando pressões em diferentes pontos do nosso pé, o que, em conjunto, determina a interação pé-solo. Quando observamos o produto de todas essas pressões, temos como resultado o **centro de pressão** (ou COP, do termo em inglês *center of pressure*), que nada mais é que um ponto que reflete como estamos interagindo com o solo.

Isso é bastante importante, pois o COP acaba refletindo quais as estratégias de controle acabamos escolhendo e qual é nossa capacidade de adquirir e processar as informações recebidas dos meios externo e interno. Veremos, a seguir, quais são os equipamentos e os métodos para avaliar tal informação.

5.4 Avaliação qualitativa e quantitativa do equilíbrio

O equilíbrio, em geral, é medido por uma série de testes de campo que podem envolver diferentes metodologias. Esses testes, normalmente, incluem tarefas que devem ser cumpridas simplesmente ou, então, além de serem realizadas, que sejam feitas no menor tempo possível. Os testes mais populares são a Escala de Equilíbrio e Mobilidade Orientada pelo Desempenho Humano (POMA), o Teste de Levantar e Caminhar Cronometrado (TUGT), o Teste de Alcance Funcional e a Escala de Equilíbrio de Berg.

Como forma de ilustrar a organização desse modelo de teste, a seguir veremos a Escala de Equilíbrio de Berg (*Berg Balance Scale*), a qual foi desenvolvida e validada por Berg et al. (1992) e, depois, adaptada transculturalmente para sua aplicação no Brasil. Assim como vários outros testes de avaliação do equilíbrio, a Escala de Equilíbrio de Berg é muito utilizada principalmente para determinar os fatores de risco para perda da independência e para quedas em idosos.

Essa escala atende várias propostas: descrição quantitativa da habilidade de equilíbrio funcional, acompanhamento do progresso dos pacientes e avaliação da efetividade das intervenções na prática clínica e em pesquisas. Confira mais detalhes a seguir.

5.4.1 Escala de Equilíbrio de Berg: instruções gerais

A Escala de Equilíbrio de Berg avalia o desempenho do equilíbrio funcional em 14 itens comuns à vida diária. Cada item possui uma escala ordinal de cinco alternativas, as quais variam de

0 a 4 pontos. Portanto, a pontuação máxima pode chegar a 56. Os pontos são fundamentados no tempo em que uma posição pode ser mantida, na distância que o membro superior é capaz de alcançar à frente do corpo e no tempo para completar a tarefa.

O tempo de execução é de, aproximadamente, 30 minutos. A Escala de Equilíbrio de Berg é realizada com pacientes vestidos, descalços e fazendo uso de óculos e/ou próteses auditivas de uso habitual.

É necessário demonstrar cada tarefa e/ou dar as instruções como estão descritas. Ao pontuar, deve ser registrada a categoria de resposta mais baixa, que se aplica a cada item. Na maioria dos itens, pede-se ao paciente para manter uma determinada posição durante um tempo específico. Progressivamente, mais pontos são deduzidos, caso o tempo ou a distância não sejam atingidos. Se o paciente precisar de supervisão (o examinador necessita ficar bem próximo do paciente) ou fizer uso de apoio externo ou receber ajuda do examinador, a pontuação acaba sendo reduzida. Os pacientes devem entender que eles precisam manter o equilíbrio enquanto realizam as tarefas. As escolhas sobre qual perna ficar em pé ou qual distância alcançar ficarão a critério do paciente (Berg et al., 1992).

Um julgamento pobre irá influenciar adversamente o desempenho e o escore do paciente. Os equipamentos necessários para realizar os testes são: um cronômetro ou um relógio com ponteiro de segundos e uma régua ou outro indicador de 5 cm, 12,5 cm e 25 cm. As cadeiras utilizadas para o teste devem ter uma altura adequada. Um banquinho ou uma escada (com degraus de altura padrão) podem ver usados para o item 12.

Confira a descrição a seguir.

Escala de Equilíbrio de Berg (Berg et al., 1992)

1) Posição sentada para posição em pé:

Instruções: "Por favor levante-se. Tente não usar suas mãos para se apoiar".

(4) Capaz de levantar-se sem utilizar as mãos e estabilizar-se independentemente.
(3) Capaz de levantar-se independentemente utilizando as mãos.
(2) Capaz de levantar-se utilizando as mãos após diversas tentativas.
(1) Necessita de ajuda mínima para levantar-se ou estabilizar-se.
(0) Necessita de ajuda moderada ou máxima para levantar-se.

2) Permanecer em pé sem apoio:

Instruções: "Por favor, fique em pé por 2 minutos, sem se apoiar".

(4) Capaz de permanecer em pé com segurança por 2 minutos.
(3) Capaz de permanecer em pé por 2 minutos com supervisão.
(2) Capaz de permanecer em pé por 30 segundos sem apoio.
(1) Necessita de várias tentativas para permanecer em pé por 30 segundos sem apoio.
(0) Incapaz de permanecer em pé por 30 segundos sem apoio.

Se o paciente for capaz de permanecer em pé por 2 minutos sem apoio, dê o número total de pontos para o item número 3 e, em seguida, continue com o item número 4.

3) Permanecer sentado sem apoio nas costas, mas com os pés apoiados no chão ou num banquinho:

Instruções: "Por favor, fique sentado sem apoiar as costas e com os braços cruzados por 2 minutos".

(4) Capaz de permanecer sentado com segurança e com firmeza por 2 minutos.

(3) Capaz de permanecer sentado por 2 minutos sob supervisão.

(2) Capaz de permanecer sentado por 30 segundos.

(1) Capaz de permanecer sentado por 10 segundos.

(0) Incapaz de permanecer sentado sem apoio durante 10 segundos.

4) Posição em pé para posição sentada:

Instruções: "Por favor, sente-se".

(4) Senta-se com segurança com uso mínimo das mãos.

(3) Controla a descida utilizando as mãos.

(2) Utiliza a parte posterior das pernas contra a cadeira para controlar a descida.

(1) Senta-se independentemente, mas tem descida sem controle.

(0) Necessita de ajuda para sentar-se.

5) Transferências:

Instruções: Arrume duas cadeiras perpendicularmente, ou uma de frente para a outra, para uma transferência em pivô. Dê ao paciente a seguinte instrução: "transfira-se de uma cadeira com apoio de braço para uma cadeira sem apoio de braço, e vice-versa". Você poderá utilizar duas cadeiras (uma com e outra sem apoio de braço) ou uma cama e uma cadeira.

(4) Capaz de transferir-se com segurança com uso mínimo das mãos.

(3) Capaz de transferir-se com segurança com o uso das mãos.

(2) Capaz de transferir-se seguindo orientações verbais e/ou supervisão.
(1) Necessita de uma pessoa para ajudar.
(0) Necessita de duas pessoas para ajudar ou supervisionar a fim de realizar a tarefa com segurança.

6) Permanecer em pé sem apoio e com os olhos fechados:

Instruções: "Por favor, fique em pé e feche os olhos por 10 segundos".

(4) Capaz de permanecer em pé por 10 segundos com segurança.
(3) Capaz de permanecer em pé por 10 segundos com supervisão.
(2) Capaz de permanecer em pé por 3 segundos.
(1) Incapaz de permanecer com os olhos fechados durante 3 segundos, mas mantém-se em pé.
(0) Necessita de ajuda para não cair.

7) Permanecer em pé sem apoio e com os pés juntos:

Instruções: "Junte seus pés e fique em pé sem se apoiar".

(4) Capaz de posicionar os pés juntos independentemente e permanecer por 1 minuto com segurança.
(3) Capaz de posicionar os pés juntos independentemente e permanecer por 1 minuto com supervisão.
(2) Capaz de posicionar os pés juntos independentemente e permanecer por 30 segundos.
(1) Necessita de ajuda para posicionar-se, mas é capaz de permanecer com os pés juntos durante 15 segundos.
(0) Necessita de ajuda para posicionar-se e é incapaz de permanecer nessa posição por 15 segundos.

8) Alcançar a frente com o braço entendido permanecendo em pé:

Instruções: "Levante o braço a 90 graus. Estique os dedos e tente alcançar a frente o mais longe possível".

O examinador deve posicionar a régua no fim da ponta dos dedos quando o braço estiver a 90 graus. Ao serem esticados para a frente, os dedos não devem tocar a régua. A medida a ser registrada é a distância que os dedos conseguem alcançar quando o paciente se inclina para a frente o máximo que ele consegue. Quando possível, peça ao paciente para usar ambos os braços para evitar rotação do tronco.

(4) Pode avançar à frente mais que 25 cm com segurança.
(3) Pode avançar à frente mais que 12,5 cm com segurança.
(2) Pode avançar à frente mais que 5 cm com segurança.
(1) Pode avançar à frente, mas necessita de supervisão.
(0) Perde o equilíbrio na tentativa ou necessita de apoio externo.

9) Pegar um objeto do chão a partir de uma posição em pé:

Instruções: "Pegue o sapato/chinelo que está na frente dos seus pés".

(4) Capaz de pegar o chinelo com facilidade e segurança.
(3) Capaz de pegar o chinelo, mas necessita de supervisão.
(2) Incapaz de pegá-lo, mas se estica até ficar entre 2 a 5 cm do chinelo e mantém o equilíbrio independentemente.
(1) Incapaz de pegá-lo, necessitando de supervisão enquanto está tentando.
(0) Incapaz de tentar ou necessita de ajuda para não perder o equilíbrio ou para não cair.

10) Virar-se e olhar para trás por cima dos ombros direito e esquerdo enquanto permanece em pé:

Instruções: "Vire-se para olhar diretamente atrás de você, por cima do seu ombro esquerdo, sem tirar os pés do chão. Faça o mesmo por cima do ombro direito".

O examinador poderá pegar um objeto e posicioná-lo diretamente atrás do paciente, para estimular o movimento.

(4) Olha para trás de ambos os lados com uma boa distribuição do peso.
(3) Olha para trás somente de um lado; o lado contrário demonstra menor distribuição do peso.
(2) Vira somente para os lados, mas mantém o equilíbrio.
(1) Necessita de supervisão para virar.
(0) Necessita de ajuda para não perder o equilíbrio ou para não cair.

11) Girar 360 graus:

Instruções: "Gire completamente ao redor de si mesmo (pausa). Gire completamente ao redor de si mesmo em sentido contrário".

(4) Capaz de girar 360 graus com segurança em 4 segundos ou menos.
(3) Capaz de girar 360 graus com segurança somente para um lado em 4 segundos ou menos.
(2) Capaz de girar 360 graus com segurança, mas lentamente.
(1) Necessita de supervisão próxima ou de orientações verbais.
(0) Necessita de ajuda enquanto gira.

12) Posicionar os pés alternadamente ao degrau ou banquinho enquanto permanece em pé sem apoio:

Instruções: "Toque cada pé, alternadamente, no degrau/banquinho. Continue até que cada pé tenha tocado o degrau/banquinho quatro vezes".

(4) Capaz de permanecer em pé independentemente e com segurança, completando 8 movimentos em 20 segundos.
(3) Capaz de permanecer em pé independentemente e completar 8 movimentos em mais que 20 segundos.
(2) Capaz de completar 4 movimentos sem ajuda.
(1) Capaz de completar mais que 2 movimentos com o mínimo de ajuda.
(0) Incapaz de tentar, ou necessita de ajuda para não cair.

13) Permanecer em pé sem apoio com um pé à frente:

Instruções (demonstre para o paciente): "Coloque um pé diretamente à frente do outro, na mesma linha. Se você achar que não irá conseguir, coloque o pé um pouco mais à frente do outro pé e levemente para o lado".

(4) Capaz de colocar um pé imediatamente à frente do outro, independentemente, e de assim permanecer por 30 segundos.
(3) Capaz de colocar um pé um pouco mais à frente do outro e levemente para o lado, independentemente, e de assim permanecer por 30 segundos.
(2) Capaz de dar um pequeno passo independentemente e de permanecer assim por 30 segundos.
(1) Necessita de ajuda para dar o passo, porém permanece por 15 segundos.
(0) Perde o equilíbrio ao tentar dar um passo ou ficar de pé.

14) Permanecer em pé sobre uma perna:

Instruções: "Fique em pé sobre uma perna o máximo que você puder, sem se segurar".

(4) Capaz de levantar uma perna independentemente e de assim permanecer por mais que 10 segundos.
(3) Capaz de levantar uma perna independentemente e de assim permanecer por 5 a 10 segundos.

(2) Capaz de levantar uma perna independentemente e de assim permanecer por 3 ou 4 segundos.

(1) Tenta levantar uma perna, mas é incapaz de permanecer por 3 segundos, embora permaneça em pé independentemente.

(0) Incapaz de tentar ou necessita de ajuda para não cair.

Apesar de muito populares, os testes de campo (como o de Berg, apresentado anteriormente) recebem algumas críticas. A principal delas diz respeito à incapacidade que tais protocolos têm de conseguir distinguir indivíduos funcionais e independentes, mas com diferentes capacidades de manutenção do equilíbrio. Isso acontece porque, se observarmos as tarefas propostas pelo teste, poderemos notar que, em sua maioria, não apresentam alto grau de dificuldade ou complexidade, sendo que qualquer indivíduo "razoavelmente" saudável seria completamente apto a realizá-las. Sendo assim, a maior parte dos idosos independentes recebe um escore muito próximo do máximo (chamado *efeito teto*), o que torna difícil distinguir as diferenças em suas capacidades de manutenção do equilíbrio.

Desse modo, outros instrumentos começaram a ser utilizados com o propósito de realizar tais tipos de avaliações (equilíbrio). Porém, apresentavam uma capacidade de medição mais apurada e precisa e que pudesse então distinguir diferentes capacidade de manutenção de equilíbrio, mesmo em indivíduos ativos, funcionais e independentes. Um desses instrumentos é a plataforma de força.

A plataforma de força, usada para avaliação das forças de reação do solo (FRS), é um instrumento que funciona como base na terceira lei de Newton, na qual qualquer aplicação de força gera uma reação igual, mas no sentido contrário. A plataforma é capaz de avaliar essa força de reação.

No caso da avaliação do equilíbrio, o indivíduo é normalmente colocado sobre a plataforma e permanece sobre ela por um determinado período, durante o qual algumas diferentes posições são executadas (posição ortostática, com os pés afastados ou juntos, com um pé na frente do outro, com olhos abertos ou fechados etc.). O instrumento consegue medir, de forma tridimensional, as forças aplicadas sobre o chão na tentativa de fazer as correções necessárias para a manutenção do equilíbrio. Essas forças podem, então, ser traduzidas para representar um ponto único, o centro de pressão (CP), o qual resume toda a interação do indivíduo com o solo.

Ao contrário dos testes de campo, o teste sobre a plataforma de força apresenta um grau de precisão e reprodutibilidade maior.

Esse CP acaba sendo movido por um espaço abaixo do indivíduo, muito próximo dos pés, onde se encontra a base de apoio. Sendo assim, quanto maior for o movimento do CP sobre a plataforma de força, maiores serão as necessidades de correção da posição do indivíduo no espaço e maior a dificuldade de manutenção do equilíbrio. Esses dados podem ser traduzidos de forma gráfica e acabar representando as oscilações ântero-posteriores e médio-laterais do sujeito ao longo do teste.

Ao contrário dos testes de campo, o teste sobre a plataforma de força apresenta um grau de precisão e reprodutibilidade maior. A seguir, na Figura 5.8, à esquerda mostramos um estatocinesiograma e, à direita, um estabilograma. São as representações gráficas do movimento do CP durante um teste estático de equilíbrio.

Figura 5.8 Estatocinesiogrametria (à esquerda) e estabilometria (à direita)

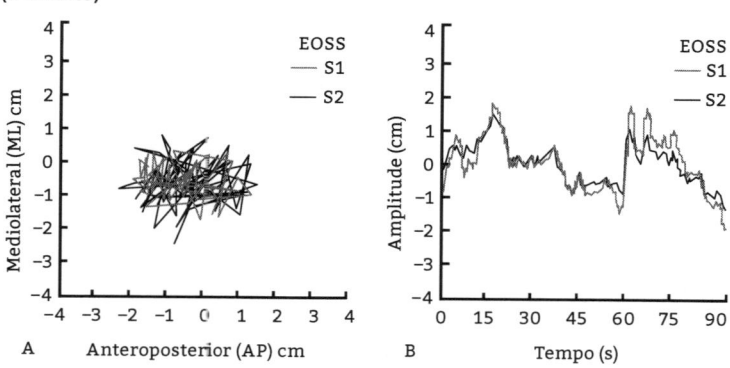

A imagem mostra um gráfico no qual constam a estatocinesiogrametria (à esquerda) e a estabilometria (à direita) de um indivíduo durante a manutenção da postura ortostática, por um período de 60 segundos. Esse tipo de avaliação pode ter diferentes aplicabilidades, como tentar entender o efeito da prática de atividades com característica de instabilidade (como o judô) na capacidade de manutenção do equilíbrio. Descobriu-se que, quanto mais graduado é o praticante, melhor ele lida com distúrbios que tentavam desequilibrá-lo e maior é sua condição de manutenção de estabilidade (Yoshitomi et al., 2006). O profissional avaliador pode ainda analisar o efeito do nível de treinamento na fadiga e a capacidade de manutenção do equilíbrio, permitindo verificar que pessoas com maior nível de aptidão conseguem realizar uma manutenção muito mais duradoura e eficiente da postura ortostática (Vieira; Oliveira, 2006).

É claro que, assim como os testes de campo, os testes na plataforma também recebem críticas. Apesar do seu alto grau de precisão, acabam representando de uma maneira pouco natural a necessidade de manutenção de equilíbrio, já que, em geral, a perda deste se dá em tarefas mais dinâmicas, como durante uma caminhada. Desse modo, cabe ao avaliador e/ou pesquisador escolher qual dos tipos de instrumentos parecem ser mais adequados ao propósito da avaliação ou da pesquisa e, então, decidir qual é o teste mais adequado, em razão da necessidade e da disponibilidade de recursos.

5.5 Postura, equilíbrio, treinamento e envelhecimento

Com o passar dos anos, o processo natural de envelhecimento tende a reduzir de forma considerável a capacidade do indivíduo de controlar sua postura e de realizar a manutenção do equilíbrio. Isso se deve às degenerações causadas em todos os sistemas envolvidos em tal capacidade e que acabam ocasionando redução da funcionalidade e da destreza do idoso. Se pensarmos de forma simples, porque existe maior número de ocorrências de quedas entre os idosos do que entre os indivíduos jovens?

Vamos imaginar como alguém chega a cair numa tarefa diária, como após um tropeção durante uma caminhada. Inicialmente, a primeira percepção que o sujeito tem quando tropeça é de que o membro inferior tocou em algum objeto (uma pedra ou um degrau, por exemplo). Num pequeno instante de tempo, a massa da parte superior do tronco começa a ser lançada à frente, já que existia um deslocamento anterior e, por simples inércia, isso continua. Entretanto, a pessoa percebe que a perna que deveria suportar essa massa à frente está atrasada em relação ao corpo e, por consequência, não vai conseguir cumprir sua tarefa. Todas essas sensações e observações levam poucos centésimos de segundo para acontecer.

Num segundo momento, o indivíduo procura uma alternativa para não perder o equilíbrio e, então, decide recolocar o membro que então sofreu o contato em uma nova posição. Uma maior flexão do quadril, seguida de uma extensão do joelho mais veloz, foi a melhor estratégia encontrada entre as opções disponíveis.

Mais alguns centésimos de segundo se passaram e, com isso, um pouco mais de deslocamento anterior aconteceu. Isso é verificado pelas informações provenientes do sistema visual (mudança da posição do corpo em relação ao ambiente), do sistema vestibular (alteração da posição da cabeça) e do sistema proprioceptivo (alteração da posição relativa dos membros).

Nesse ponto do contexto, a parte do SNC que realiza o controle motor começa a enviar aos músculos o estímulo elétrico necessário para que o movimento escolhido – e que deve ser realizado para evitar a queda – possa ser então executado. Com a chegada do impulso elétrico nos músculos, perde-se a frouxidão do tecido (retardo eletromecânico) e, então, o movimento acontece.

Percebam que todas essas ações precisaram ocorrer num intervalo de tempo mínimo para que a execução da tarefa fosse adequada e conseguisse manter o indivíduo caminhando naturalmente. Todavia, nos idosos, porque isso é mais difícil?

Vamos começar tudo novamente. Quando um idoso se locomove, a velocidade de deslocamento é significativamente menor do que a de um indivíduo mais jovem, o que gera menor inércia e, por consequência, deveria dar ao idoso "mais tempo" para reagir. Entretanto, todas as outras percepções, decisões e ações são mais lentas e, assim, as respostas nem sempre acabam sendo satisfatoriamente adequadas.

Quando o pé de um idoso toca um objeto, a sensibilidade reduzida pode atrasar o tempo entre o toque e a sua percepção pelo SNC. Além disso, reduções nas capacidades visual, vestibular e proprioceptiva dificultariam a identificação rápida de mudanças na posição do corpo, dos membros e da cabeça em relação ao ambiente. A escolha da melhor estratégia de resposta (contração de determinados músculos) ainda poderia ser atrasada em relação ao jovem, o que exigiria um pouco mais de tempo para ser escolhida. Por fim, a transmissão de impulsos aos músculos, o retardo eletromecânico e o movimento em si demorariam alguns poucos instantes a mais para ocorrer. Esses poucos instantes adicionados a cada uma dessas ações são mais do que suficientes para levar o indivíduo ao solo. Mas, então, o que fazer?

Em geral, atividades que exijam que os sistemas de controle de equilíbrio sejam constantemente exercitados, assim como aquelas que exigem rápidas respostas musculares, parecem ser as mais adequadas para que todo o sistema de manutenção do equilíbrio e, por consequência, para que a capacidade do idoso em se manter de pé após um tropeço sejam mantidas. Exercícios em situação de relativo desequilíbrio, plataformas instáveis, exercícios de musculação com pesos livres, caminhadas, corridas, atividades esportivas e ambientes aquáticos são alguns exemplos de atividades que poderiam ser utilizadas para tal propósito.

Fundamentalmente, o exercício escolhido precisa ser desafiador. Todavia, de certa forma precisa ser controlado, para que os sistemas mantenham sua funcionalidade pelo maior tempo possível.

▌ *Síntese*

Ao final deste capítulo, procuramos deixar claro que diferentes forças atuam constantemente sobre o indivíduo e essas forças podem vir dos meios externo (interação com o ambiente) ou interno (movimento cardíaco e respiratório, por exemplo). Além disso, os músculos, principalmente os estriados esqueléticos, são potentes máquinas capazes de gerar tensão e produzir grandes quantidades de torque ao redor das articulações. Essas forças podem ser medidas, e essas medidas podem ser utilizadas como parâmetros para a avaliação da eficiência de diferentes sistemas de treinamento, como aqueles que desejam melhorar o desempenho esportivo.

Além de movimentos esportivos, a manutenção do equilíbrio também é dependente da capacidade individual de realizar correções e de anular quase que completamente as ações das forças que atuam sobre o indivíduo. Essa capacidade pode ser medida por testes de campo ou por equipamentos específicos e, então, é possível identificar os efeitos degenerativos causados pelo envelhecimento ou mesmo os efeitos positivos de rotinas de treinamento cujo objetivo é recuperar, melhorar ou apenas manter essa condição.

Também destacamos os seguintes tópicos:

- Estamos constantemente expostos a forças internas e externas, sendo tal fato importante para a manutenção da integridade e da funcionalidade de uma série de tecidos, mas também alvo de cuidado, principalmente quando o excesso desse tipo de estresse acaba incidindo sobre determinadas estruturas.
- Para conseguir mensurar a magnitude e a frequência desse tipo específico de estresse, assim como nossa capacidade de produção de força, ao longo dos anos foram desenvolvidos equipamentos de dinamometria, sendo o dinamômetro isocinético o mais preciso e utilizado quando o objetivo é a avaliação do desempenho muscular.
- Outro dispositivo de avaliação de forças que é bastante útil na área da saúde é a plataforma de forças, que mede a interação entre o indivíduo e o piso, retornando assim as forças de reação do solo, o que nos permite fazer inferências sobre a capacidade de manutenção da postura estática e dinâmica do sujeito.
- Essa postura é controlada por uma série de sistemas que atuam em conjunto, medindo e respondendo a diversos estímulos, permitindo que o sistema muscular esquelético faça grandes ou pequenas correções para a manutenção da posição do indivíduo no espaço.

■ Atividades de autoavaliação

1. As leis postuladas pelo físico Isaac Newton nos permitem entender melhor as interações das forças com os objetos e com o próprio corpo humano. Uma dessas leis é especialmente importante, pois explica como o movimento acaba sendo proporcionalmente dependente da força muscular gerada, ou seja, movimentos lentos e controlados exigem pouca força, enquanto os explosivos e velozes precisam de uma força muito maior. Qual é essa lei?
   a) Lei da inércia.
   b) Lei da gravidade.
   c) Lei da aceleração.
   d) Lei da ação e reação.

2. Existem equipamentos extremamente úteis para a avaliação da força muscular, os dinamômetros. Esses equipamentos podem ser empregados no estudo de diversos aspectos envolvidos no movimento humano. Um desses equipamentos tem a capacidade de medir as forças de reação do solo e, por consequência, permite observar a interação do indivíduo com sua base/superfície de apoio. Qual é esse equipamento?
   a) Dinamômetro de extensão lombar.
   b) Dinamômetro isocinético.
   c) Dinamômetro de preensão manual.
   d) Plataforma de força.

3. O controle da postura estática e dinâmica envolve a interação de vários sistemas de aferição e do sistema motor (muscular), responsável por produzir as respostas às perturbações. Porém, para que o sistema motor possa escolher a melhor estratégia para a manutenção postural, são necessárias maiores quantidades e qualidades de informações. Entretanto, algumas vezes isso acaba não acontecendo e ocorre uma divergência entre

as informações que recebemos dos diversos sistemas. Como é chamada essa situação?

a) Desequilíbrio humano.
b) Labirintite.
c) Problema de equilíbrio.
d) Conflito sensorial.

4. Com o passar dos anos, é comum esperar um decréscimo da qualidade de nossa capacidade de manutenção do equilíbrio. Isso se deve à redução da sensibilidade na aferição das informações, processo inerente ao envelhecimento. Entre as opções a seguir, assinale aquela que não acontece durante esse processo e que não influencia nossa capacidade de manutenção do equilíbrio:

a) Redução da sensibilidade à insulina.
b) Redução da acuidade visual.
c) Redução da sensibilidade tátil.
d) Redução da potência muscular.

5. Se o objetivo for o de avaliar os desequilíbrios musculares, especialmente aqueles que podem acometer a região anterior e posterior dos joelhos de atletas, qual seria o modelo de dinamômetro mais adequado?

a) Dinamômetro de extensão lombar.
b) Plataforma de força.
c) Dinamômetro isocinético.
d) Dinamômetro de cintura escapular.

■ Atividades de aprendizagem

Questões para reflexão

1. Nos últimos anos você deve ter observado que as "atividades funcionais" ganharam muito espaço nos parques e nas academias. Essas atividades baseiam-se em dois pilares: simular

movimentos comuns ao dia a dia e trabalhar com instabilidades. Existem muitas críticas e elogios a esses tipos de atividade e não cabe aqui essa discussão. A pergunta é: Você consegue justificar como executar movimentos complexos que usamos diariamente ou aumentar a instabilidade nos exercícios poderia gerar benefícios? Você já executou atividades com essas características em seus treinos? O que você percebeu?

2. E se a intenção fosse trabalhar com o desenvolvimento do controle motor, mas dentro da sala de musculação, apenas com os exercícios "tradicionais" dessa atividade, isso seria possível? Quais características você procuraria nos exercícios para conseguir tais efeitos? Cite alguns exemplos.

Atividade aplicada: prática

1. Você já observou que existem diferenças de força em músculos antagonistas ao redor de uma mesma articulação? Se você tentar medir essas diferenças, verá que a sua força máxima de extensão do cotovelo é diferente da sua força máxima de flexão; que sua capacidade de estender o joelho não é igual a sua capacidade de fletir a mesma articulação; e que os membros apresentam diferenças entre si. Porém, até que ponto isso é normal? Faça uma experiência: num mesmo equipamento, realize um teste de força ou de resistência máxima. Coloque uma carga elevada e veja quantas repetições você consegue executar em movimentos antagônicos (flexão e extensão da mesma articulação). Repita, em seguida, o procedimento no membro contralateral e veja se os resultados são iguais. Sim? Não? Agora é hora de buscar na literatura informações a respeito disso. É normal ocorrerem essas diferenças? Até que ponto elas são aceitáveis? Livros de provas e funções musculares podem ajudar na sua resposta.

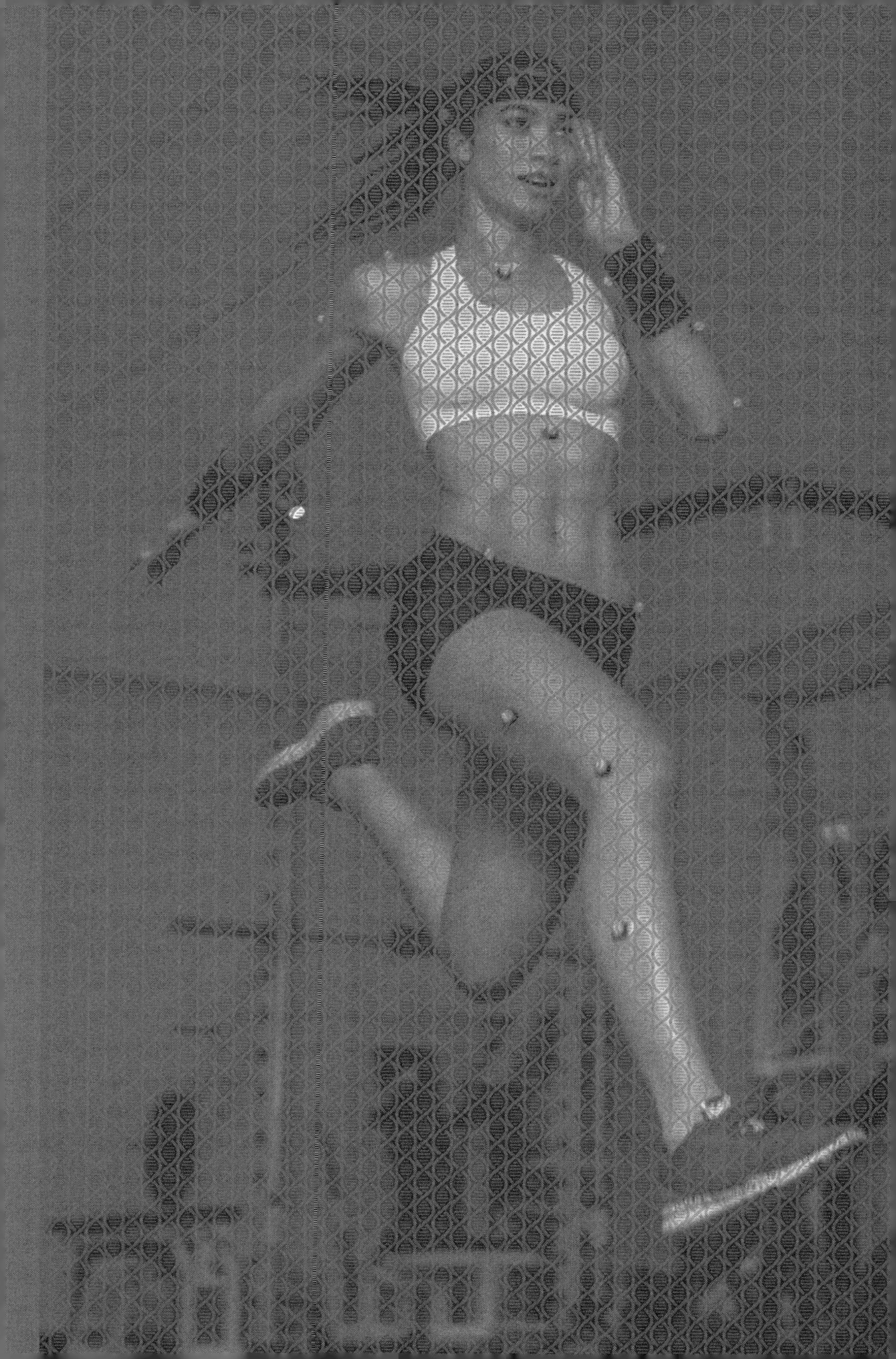

Capítulo 6

Análise do movimento humano

Depois de conhecermos o funcionamento do tecido muscular e como ele gera a força necessária para mexermos nossas articulações, agora é hora de interpretarmos o movimento em seu produto final. Sendo assim, é possível registrar, por uma série de técnicas distintas, o movimento ocorrido e, em tempo real ou *a posteriori*, analisar essas informações. Esse tipo de intervenção faz parte da área da cinemática, setor da biomecânica responsável por medir (cinemetria) e analisar o movimento.

Essa análise pode ocorrer de várias formas. Ela pode ser fundamentada no registro por vídeo da imagem do indivíduo se movendo ou mesmo no registro de referenciais (pontos) fixados ao indivíduo. Esses movimentos, depois de analisados, podem fornecer importantes informações sobre os deslocamentos, as velocidades e as acelerações, lineares e angulares, de cada parte do corpo humano durante a execução da tarefa.

Especificamente sobre as acelerações, ainda é possível utilizar um outro tipo de dispositivo, os acelerômetros. Estes, mediante essa variável específica (aceleração), podem deduzir todas as outras informações e também fornecer dados importantes para a análise do movimento.

Entretanto, para que tudo isso seja possível, o profissional da educação física precisa ter um conhecimento sólido e claro sobre aspectos básicos da anatomia e da cinesiologia humanas, para que a interpretação dos dados obtidos faça sentido e o produto final da análise possa ser útil.

6.1 Cinemática básica

Quando observamos a movimentação humana, o que percebemos é o movimento geral, uma combinação de movimentos lineares e angulares que, em conjunto, permitem a execução das mais diversas tarefas. Esse padrão ou forma de movimento em relação ao tempo recebe o nome de *cinemática* (Hall, 2016).

Para que seja possível analisar esse movimento, inicialmente é preciso definir qual é o sistema mecânico de interesse. Esse sistema pode ser o indivíduo como um todo, observando assim seus membros superiores, tronco e membros inferiores. Em outras perspectivas, a análise pode se restringir a apenas uma porção do corpo, como a mão direita ou apenas o pé esquerdo. É o objetivo da análise que irá determinar qual é o sistema que será observado.

Toda observação do movimento se baseia nos referenciais anatômicos, utilizando os termos direcionais, os planos anatômicos e os eixos anatômicos como referência para a análise. Sendo assim, os termos *superior* (próximo ao crânio), *inferior* (próximo ao pé), *anterior* (voltado à frente do corpo), *posterior* (voltado para a parte de trás do corpo), *medial* (próximo a linha média do corpo), *lateral* (afastado da linha média do corpo), *proximal* (mais próximo ao centro do tronco) e *distal* (afastado do centro do tronco) são utilizados para identificar, por exemplo, como o movimento de segmentos está ocorrendo (Behnke, 2014).

Os planos anatômicos podem também ser utilizados para identificar como determinado movimento está ocorrendo. Desse modo, uma caminhada ocorre prioritariamente no plano sagital (ou plano ântero-posterior); já um deslocamento de um bloqueador na rede, durante uma partida de voleibol, ocorre no plano frontal (ou plano coronal); o lançamento do martelo numa prova de atletismo, por sua vez, exige rotações no plano transversal (ou plano horizontal).

É o objetivo da análise que irá determinar qual é o sistema que será observado.

Cada um desses planos também acaba gerando eixos nos quais as rotações articulares ou segmentares podem acontecer. Desse modo, temos o eixo médio-lateral, o eixo ântero-posterior e o eixo longitudinal. Assim como os eixos e planos seguem os referenciais anatômicos, os movimentos articulares utilizam as mesmas referências. Observe na Figura 6.1, a seguir, os movimentos passíveis de serem realizados.

Figura 6.1 Movimentos articulares

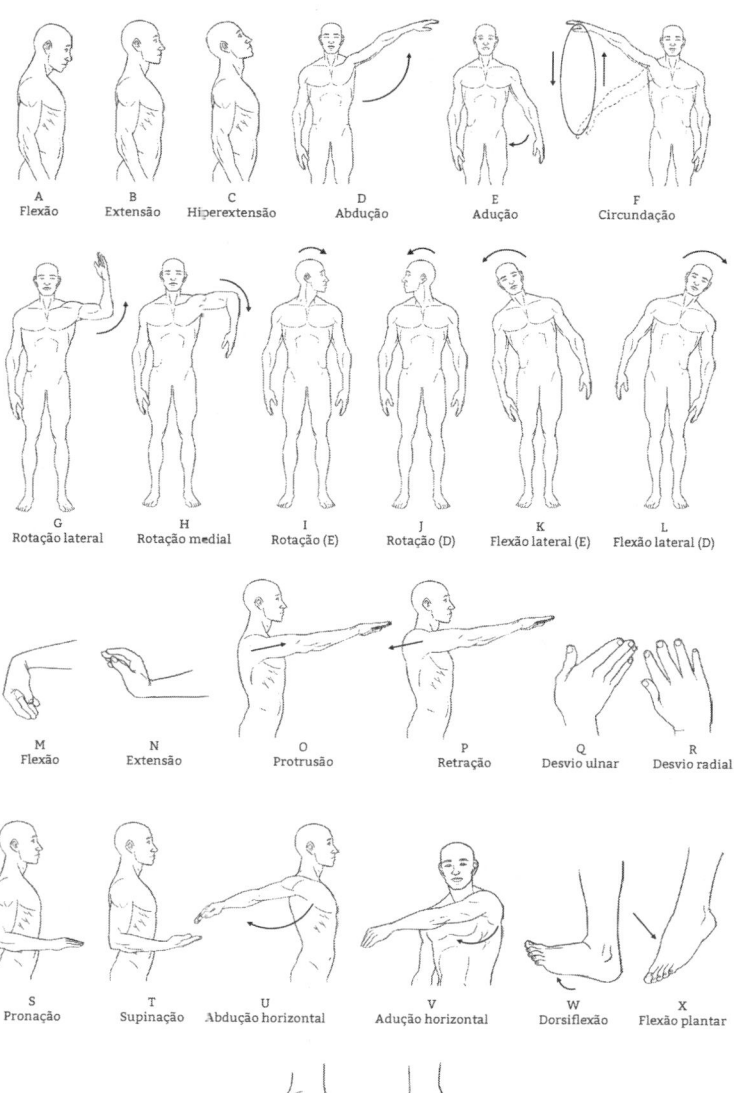

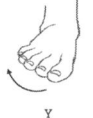

A Flexão	B Extensão	C Hiperextensão	D Abdução	E Adução	F Circundação	

G Rotação lateral	H Rotação medial	I Rotação (E)	J Rotação (D)	K Flexão lateral (E)	L Flexão lateral (D)	

M Flexão	N Extensão	O Protrusão	P Retração	Q Desvio ulnar	R Desvio radial	

S Pronação	T Supinação	U Abdução horizontal	V Adução horizontal	W Dorsiflexão	X Flexão plantar	

Y
Eversão

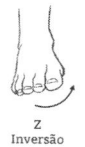

Z
Inversão

Considerando então os planos e eixos se cruzando sempre num ângulo de 90 graus, é conveniente desenvolver um sistema fixo de referência para que os movimentos executados possam ser medidos e representados. Esse sistema espacial serve para que as análises biomecânicas possam ser representadas e reproduzidas de forma bastante precisa.

O sistema mais comum é o que utiliza coordenadas cartesianas (conforme consta na Figura 6.2, a seguir), nas quais os movimentos são mensurados em três eixos (x, y, z). Desse modo, qualquer ponto ou movimento, mesmo ocorrendo de forma tridimensional, pode ser medido e posteriormente representado para análise.

Figura 6.2 Sistema de coordenadas cartesianas

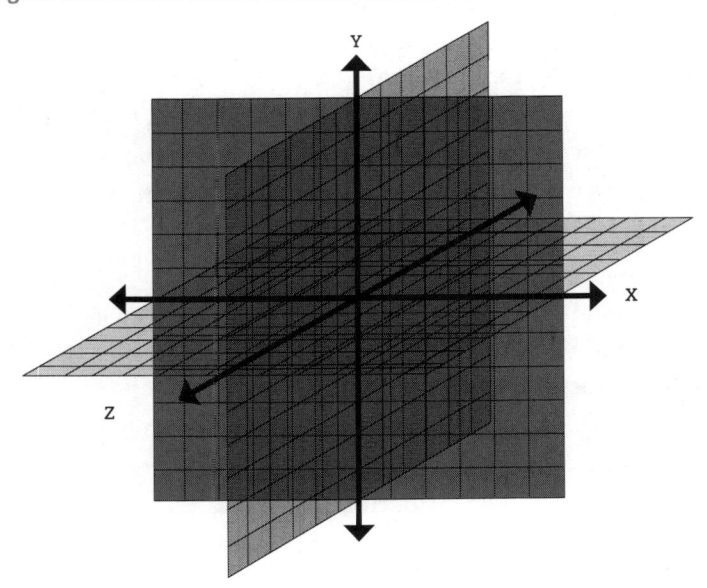

Sabendo explorar tais sistemas de identificação da posição espacial de um objeto, é possível desenvolver metodologias de análise de movimento capazes de investigar uma parte ou um sujeito como um todo. Assim, isso ajudará no melhor entendimento de como o organismo se comporta durante a realização dos mais diversos tipos de atividades.

6.2 Sistemas de análise cinemática

As análises cinemáticas têm sido utilizadas há várias décadas por diversos pesquisadores que buscam investigar mais profundamente os movimentos, sejam eles esportivos (Carneiro; Castro, 2009), sejam da vida diária (Souza; Kirchner; Rodacki, 2015). Por meio de sistemas de análise cinemática, é possível registrar e interpretar tais tipos de informações.

Os sistemas de análise de movimento foram criados quase que ao mesmo instante em que se inventou a fotografia e, por consequência, a possibilidade de se registrar de forma bastante precisa movimentos funcionais e esportivos. Com o avanço dos dispositivos de aquisição de imagens e, principalmente, da digitalização de sinais (capacidade de se armazenar informações nos computadores, por exemplo), a condição de se analisar movimentos durante a execução de diferentes exercícios e modalidades esportivas aumentou exponencialmente. Com isso, aumentou também nosso entendimento a respeito do comportamento motor.

Basicamente, o que se fazia no início era a aquisição de imagens ou de um filme em um dispositivo analógico (como os de uma câmera fotográfica ou filmadora). Antes dessa gravação, o indivíduo era preparado com vários marcadores, que são pequenos pontos colados sobre a pele ou sobre a roupa da pessoa e que serviam de referência para identificar determinados pontos anatômicos. Esse "modelo" era utilizado depois, quando essas imagens gravadas e posteriormente digitalizadas passavam então por procedimentos que permitiam recriar de forma virtual um movimento real. Desse modo, informações a respeito de posição, velocidade e aceleração de cada um dos pontos ajudava a recriar o comportamento motor do indivíduo durante a atividade realizada, ajudando a entender o que aconteceu ao longo do movimento analisado.

Hoje em dia, é difícil trabalhar com análise cinemática sem a utilização de um dispositivo eletrônico qualquer – como uma câmera digital, um aparelho de celular ou um computador. Em geral, mais de um desses dispositivos são organizados de maneira conjunta para que a análise possa ser realizada, sendo a aquisição de imagens em foto e/ou vídeo certamente o recurso mais útil para que o procedimento de avaliação seja realizado com qualidade. Algumas análises podem envolver múltiplos sistemas associados à cinemática, como a eletromiografia e a dinamometria (Souza; Kirchner; Rodacki, 2015; Souza; Rodacki, 2012).

Existem diversos aplicativos para celular que são capazes de fornecer muitas informações a respeito de movimentos funcionais e esportivos apenas com base em fotos e vídeos realizados com a própria câmera do aparelho. Não se deve menosprezar a qualidade desse tipo de análise, visto que alguns desses aplicativos gratuitos são utilizados em diversos estudos na área da biomecânica e já tiveram sua fidedignidade e reprodutibilidade testada e comprovada.

Entretanto, alguns *softwares* para computadores (conforme mostram as Figuras 6.3 e 6.4, a seguir), mesmo os gratuitos, oferecem uma maior gama de possibilidades. Todavia, requerem que o vídeo seja obtido muitas vezes com câmeras de custo mais alto, mas ainda assim muito viáveis de serem utilizadas. Além disso, dependendo do número de câmeras utilizadas para a análise, é preciso realizar procedimentos de sincronia das imagens, para que o mesmo instante do movimento seja analisado em todas elas simultaneamente. Isso pode gerar mais trabalho, mas também propicia melhores conclusões.

Figura 6.3 Sistema bidimensional de análise de movimento com base na gravação de imagens por fotos ou vídeo

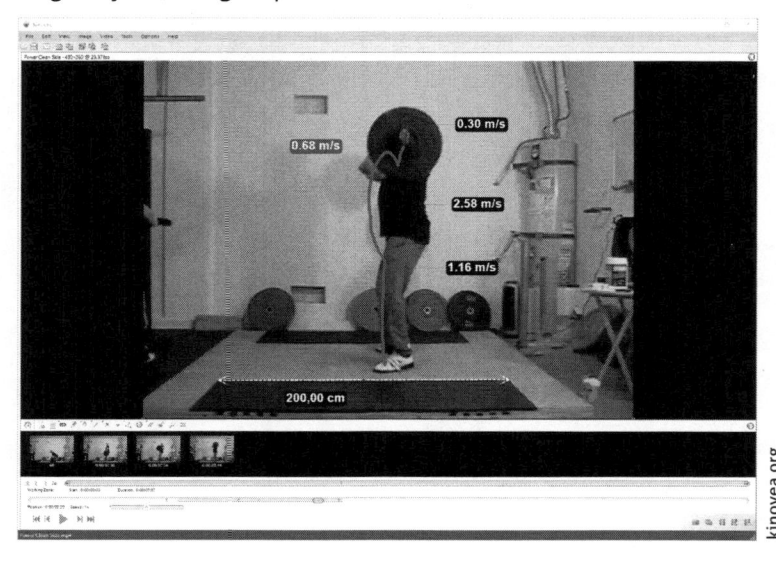

kinovea.org

     Entretanto, os sistemas bidimensionais de análise muitas vezes falham em conseguir observar movimentos que ocorrem fora do plano observado, sendo necessária a adoção de dispositivos mais complexos. Estes conseguem, simultaneamente, avaliar todos os planos e eixos.

Figura 6.4 Sistema tridimensional de análise de movimento com base na gravação de imagens por fotos ou vídeo

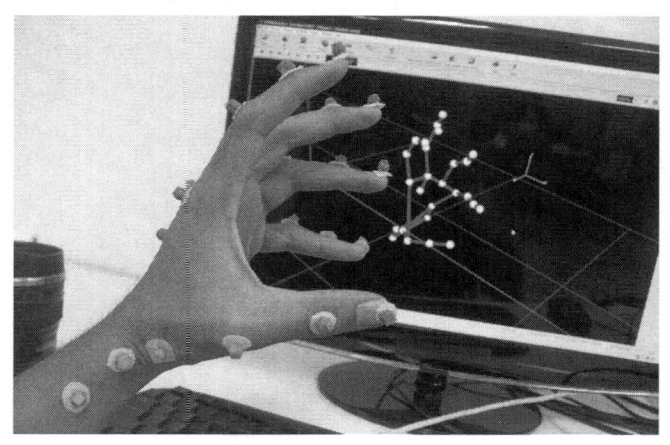

MAOCHILL/shutterstock

Porém, os mais sofisticados dos sistemas de análise cinemática são os optoelétricos, com câmeras sensíveis à luz infravermelha. Esse modelo é capaz de rastrear pontos colocados sobre o indivíduo de forma automática e reproduzir o movimento num ambiente virtual em tempo real.

Esses sistemas podem ainda ser conjugados a outros tipos de sistemas de análise, como o eletromiógrafo e as plataformas de força. Assim, fornecerão dados do movimento, da ativação muscular e das forças de reação de uma maneira sincronizada, como mostra a imagem a seguir.

Figura 6.5 Sistema de análise tridimensional e em tempo real de movimento com base na gravação de imagens por fotos ou vídeo

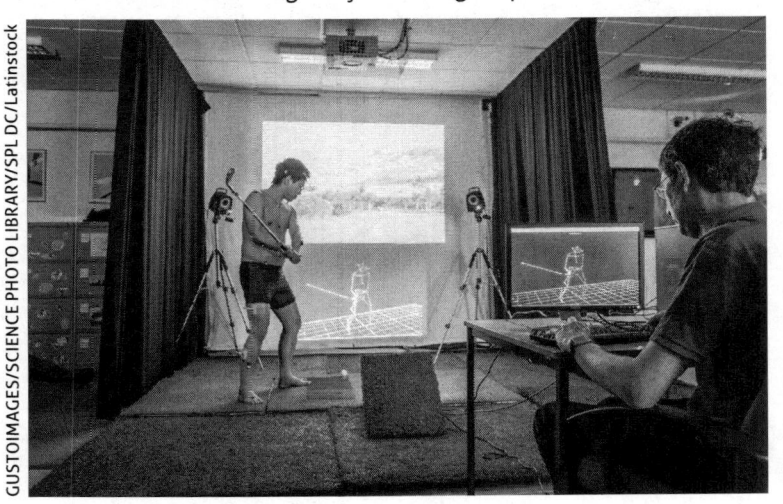

É claro que esse tipo de equipamento possui um custo muito mais alto, mas é praticamente imprescindível quando se trabalha em laboratórios e centros de pesquisa que se especializaram em trabalhar com estudos dessa natureza. Outra aplicação bastante popular e atual desse sistema de análise de movimentos, por exemplo, é o desenvolvimento de jogos e filmes, em situações em que é necessário inserir personagens virtuais em um cenário real.

Porém, é necessário deixar claro que os dispositivos mais simples e baratos não são necessariamente ruins e inclusive podem ser mais adequados que dispositivos mais elaborados quando determinadas condições precisam ser avaliadas. Desse modo, cabe ao investigador decidir qual dos sistemas de análise se encaixa melhor para resolver o problema em questão.

6.3 Acelerometria

Outro dispositivo de grande utilidade para a avaliação de movimentos é o acelerômetro. Esse equipamento, de baixo custo e que também pode ser incorporado a um sistema mais elaborado de análise de movimentos, é capaz de identificar as acelerações impostas sobre ele e, de forma tridimensional, traduzir graficamente esses valores.

Os acelerômetros são muito populares na indústria de eletrônicos em geral. Você pode ver seu funcionamento quando seu *smartphone* identifica movimentos durante um jogo ou quando você apenas roda a tela para mudar a posição da imagem. Dentro de seu celular existe um acelerômetro, e as acelerações do aparelho são identificadas e traduzidas como uma mudança de posição.

Na análise do movimento humano, os acelerômetros podem ser muito úteis, pois são fáceis e baratos de usar. Eles podem ser utilizados de uma forma mais geral, apenas para avaliar quando existe ou não existe movimento, assim distinguindo o repouso da atividade (Lopes et al., 2003; Mota et al., 2002).

> Na análise do movimento humano, os acelerômetros podem ser muito úteis, pois são fáceis e baratos de usar.

Entretanto, sua maior utilidade vem em mensurar não só a ocorrência, mas a característica desses movimentos. Atualmente, quase todo celular pode ter aplicativos que permitem a avaliação de diferentes tipos de movimentos, como os aplicativos de corrida, muito populares hoje em dia. Mostramos um exemplo disso na imagem a seguir.

Figura 6.6 Aplicativo de corrida baseado em acelerometria

A imagem mostra um aplicativo para celular que utiliza a acelerometria para a mensuração da frequência de passos e do impacto no solo durante a corrida. Apesar de a maioria dos aplicativos serem baseados apenas na utilização do GPS para determinar a posição do indivíduo e, então, controlar a distância e a velocidade de corrida, alguns (como o da Figura 6.6) têm a capacidade de utilizar – além do GPS – o acelerômetro interno do celular e fornecer dados relevantes, como cadência e impacto na corrida. Outros aplicativos gratuitos podem fornecer dados mais robustos, como as reais acelerações tridimensionais (verticais, horizontais e laterais) ocorridas durante uma atividade qualquer, como em uma caminhada (Gráfico 6.1).

Esses dados podem ser importantes em algumas áreas da biomecânica, como aquela que trata da reabilitação da marcha humana, por exemplo. É possível, com base nessas informações por acelerometria, obter parâmetros importantes de simetria e normalidade do passo, os quais podem indicar se uma intervenção fisioterápica está ou não sendo útil para a recuperação da independência ao caminhar (Auvinet et al., 2002).

Gráfico 6.1 Acelerometria na marcha humana

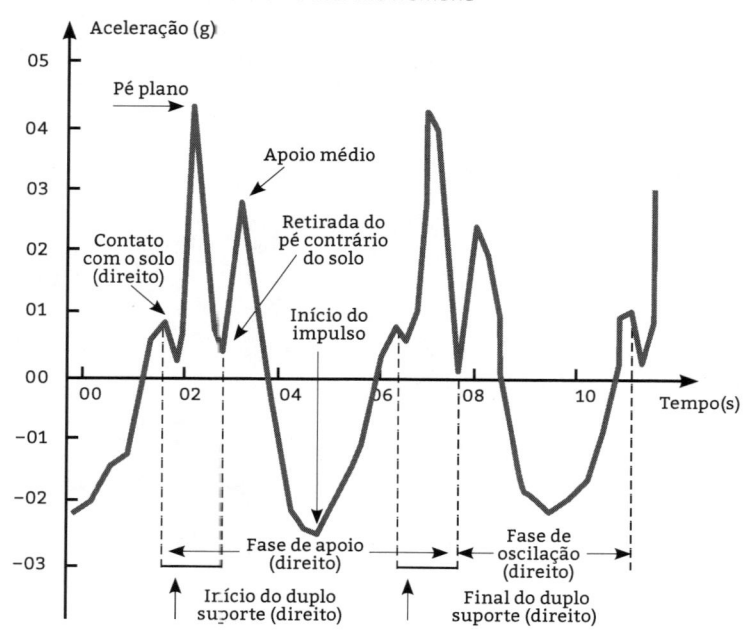

A imagem mostra a representação gráfica da aceleração do centro de massa do indivíduo durante a marcha humana em terreno plano. Existem ainda sistemas compostos por uma série de acelerômetros (Figura 6.7, a seguir) em conjunto que conseguem reproduzir e analisar o movimento realizado por um indivíduo ou atleta como um todo, fornecendo uma grande quantidade de informações sobre os movimentos realizados.

Figura 6.7 Acelerômetros para análise esportiva

A imagem mostra a utilização de acelerômetros na avaliação do movimento dos segmentos corporais durante uma atividade esportiva.

Sendo assim, existe uma enorme quantidade de equipamentos e procedimentos que são eficientes em fornecer informações sobre o movimento realizado, seja ele funcional, seja esportivo. A determinação do dispositivo utilizado na análise vai depender dos recursos e do conhecimento disponíveis ao avaliador, não sendo possível indicar o melhor ou o pior dispositivo, mas o mais adequado para o determinado contexto. De qualquer modo, a correta utilização de algum um dos equipamentos citados anteriormente parte do princípio do conhecimento sobre aspectos básicos relacionados à cinemática linear e angular, que discutiremos a seguir.

6.4 Cinemática e avaliação de movimentos lineares

Dentre as grandezas que podem ser medidas e descritas de forma linear, começaremos discutindo as unidades de comprimento: **distância** e **deslocamento**. Enquanto a distância identifica a trajetória total de um determinado movimento, o deslocamento determina qual foi a diferença, em linha reta, das posições inicial e final de um determinado movimento.

Imaginemos o seguinte exemplo: um atleta participa de uma corrida de 1.000 metros em uma pista de atletismo (cada volta possui 400 m). O atleta parte da linha de saída, percorre duas voltas e meia (400 m + 400 m + 200 m) e encerra a corrida no lado oposto da pista. Desse modo, a distância percorrida foi de 1.000 m, mas o deslocamento (distância em linha reta entre os pontos inicial e final do movimento) foi de pouco mais de 150 m (pois é medido como uma linha que atravessa a pista pelo meio, entre a saída e a chegada). Se o corredor percorresse não duas voltas e meia, mas, sim, três voltas inteiras, sendo o início e o final da corrida exatamente o mesmo ponto, teríamos uma distância maior (1.200 m), mas um deslocamento igual a zero (já que não houve diferença entre o ponto de saída e o de chegada).

Medir a distância e o deslocamento pode fornecer ao avaliador informações importantes sobre o movimento realizado; porém, ainda são informações bastante limitadas. É possível que dois atletas diferentes realizem as três voltas ao redor da pista em ritmos completamente distintos, mas ainda assim vão apresentar exatamente a mesma distância percorrida e o mesmo deslocamento.

Portanto, outra informação importante a respeito do movimento é sua **velocidade média**. A velocidade representa o tempo gasto para percorrer um determinado espaço.

$$Vm = \frac{\text{Espaço (S)}}{\text{Tempo (t)}}$$

Desse modo, se a primeira pessoa (P1) levasse 5 minutos (300 segundos) para percorrer as três voltas na pista e a segunda pessoa (P2) levasse 6 minutos (360 segundos) para cumprir a mesma tarefa, teríamos, respectivamente:

$$P_1 = 1.200 \text{ m} / 300 \text{ s} = 4 \text{ m/s ou } 14{,}4 \text{ km/h}$$

e

$$P_2 = 1.200 \text{ m} / 360 \text{ s} = 3{,}33 \text{ m/s ou } 12 \text{ km/h}$$

O cálculo da velocidade média pode nos fornecer uma visão um pouco mais precisa sobre a forma como o movimento aconteceu, principalmente se o movimento é de curta duração e/ou de velocidade relativamente constante. Entretanto, mesmo numa prova de maratona, na qual não existem grandes variações de velocidade, elas acabam acontecendo e a velocidade média de toda a prova não permite identificar onde elas aconteceram. Em outras condições, em que a mudança de velocidade é muito grande, como em provas de 100 metros rasos, nas quais o indivíduo inicia parado (velocidade de 0 km/h) e cruza a linha de chegada em velocidades muito altas (acima dos 40 km/h), a velocidade média passa a fornecer uma informação irrelevante, pois acaba não representando qualquer parte ou instante do movimento realizado.

Sendo assim, é importante observamos também as mudanças de velocidade ocorridas ao longo do deslocamento. A essas alterações na velocidade damos o nome de *aceleração*.

A aceleração é calculada em razão da mudança de velocidade que ocorre em um determinado intervalo de tempo:

$$a = \frac{\Delta v}{\Delta t} = [\text{m/s}^2]$$

Ela pode ser positiva, quando ganhamos velocidade, ou negativa, quando se reduz gradativamente. Apesar de popularmente associarmos a aceleração a aumentos na velocidade, qualquer mudança é uma aceleração. Se você, por exemplo, pensar no carro que está dirigindo, temos assim "dois" aceleradores: o pedal da direita, que gera uma aceleração positiva e o carro ganha velocidade, e o pedal do meio (o freio), que gera uma aceleração negativa e o carro perde velocidade.

Vamos utilizar a fórmula vista anteriormente e o exemplo do automóvel para ilustrar melhor essa situação: imagine que um automóvel trafega a uma velocidade constante de 80 km/h até que, de repente, seu condutor o acelera até 100 km/h, sendo que essa aceleração levou exatamente 10 segundos para acontecer. Desse modo, o Δv (diferença da velocidade) foi de 20 km/h (100 km/h – 80 km/h), ou de 5,55 m/s. Essa diferença de velocidade levou exatamente 10 segundos para acontecer (Δt). Sendo assim, a aceleração (em m/s) foi de 0,55 m/s².

É claro que a descrição aqui realizada de cinemática linear é bastante simples e considera que o movimento acontece em apenas um sentido e uma direção de cada vez. Entretanto, na vida real, isso ocorre simultaneamente em todos os três eixos possíveis. Porém, a lógica não se modifica e os conceitos continuam sendo aplicados exatamente da mesma forma.

6.5 Cinemática e avaliação de movimentos angulares

Um ângulo é observado toda vez que encontramos dois lados unidos por um vértice. Isso acontece, por exemplo, em nossos segmentos corporais adjacentes e nas respectivas articulações que os unem. Sendo assim, quando falamos de movimento humano, falamos de um produto final que pode ser um movimento linear, mas que é realizado mediante uma série de movimentos que acontecem nas suas respectivas articulações.

Esse ângulo pode, então, ser classificado de duas formas. O ângulo formado entre dois segmentos unidos por uma articulação recebe o nome de **ângulo relativo** (por exemplo, o ângulo relativo da perna em relação à coxa, ou do braço em relação ao antebraço). Já o ângulo formado por um segmento em relação a uma linha vertical ou horizontal de referência recebe o nome de **ângulo absoluto** (por exemplo, da perna em relação à vertical ou do tronco em relação à horizontal).

Observe na Figura 6.8, a seguir, que o ângulo do joelho é um ângulo relativo (coxa *versus* perna), mas os ângulos da perna, coxa e tronco são ângulos absolutos (em relação a uma linha horizontal).

Figura 6.8 Modelo biomecânico bidimensional para análise de movimento

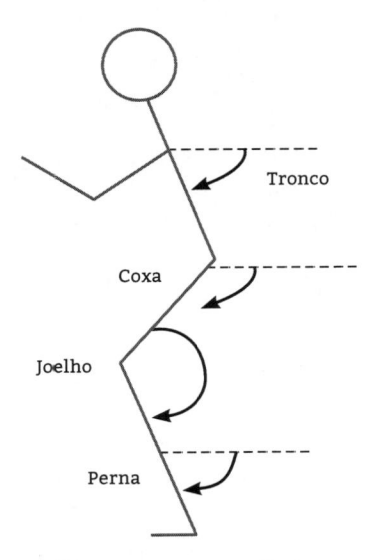

Vemos, na imagem, a representação de um modelo biomecânico, bidimensional, para a análise do movimento do tronco e de segmentos do membro inferior direito do indivíduo.

Em geral, durante movimentos funcionais e esportivos, utilizamos os sistemas de análise (vistos anteriormente nesse capítulo) para mensurarmos tais tipos de movimentos (lineares e angulares). Porém, existem condições nas quais equipamentos mais simples (como o visto na Figura 6.9, a seguir) podem ser utilizados para avaliar o ângulo articular e a amplitude de movimento que uma articulação é capaz de realizar. Um desses equipamentos é o **goniômetro**.

Figura 6.9 Uso do goniômetro para análise de articulação

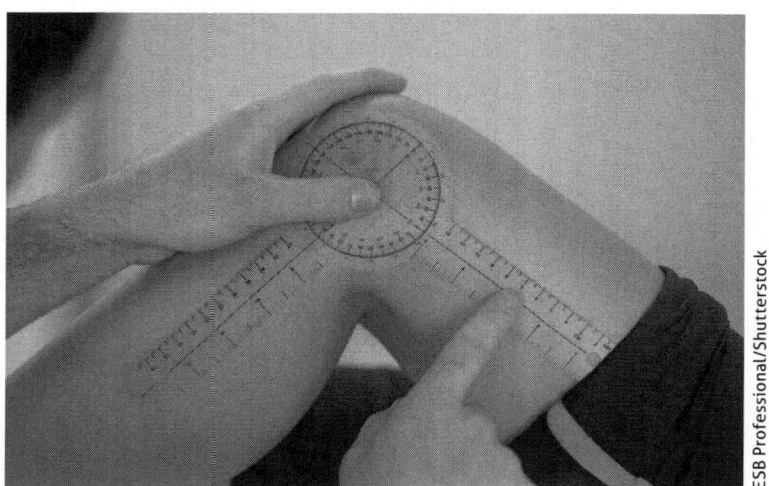

ESB Professional/Shutterstock

A imagem mostra a utilização de um goniômetro para a análise do grau de flexão/extensão da articulação do joelho. Ele é, basicamente, um transferidor, como aqueles que utilizamos nas aulas de geometria da escola, unido por duas hastes plásticas (vértice). Esse vértice é posicionado sobre uma articulação e identifica o ângulo formado pelos segmentos observados. Em análises estáticas, como quando queremos identificar o grau de flexibilidade de uma articulação em um determinado segmento, é um equipamento bastante útil.

Assim como em movimentos lineares, em movimentos angulares os termos *distância*, *deslocamento*, *velocidade* e *aceleração* são empregados da mesma forma. Porém, a natureza do movimento é diferente.

Na cinemática linear, as grandezas são representadas em unidades lineares (como centímetros, metros e quilômetros). Na cinemática angular, por sua vez, elas são representadas em graus, que é a forma mais comum de se medir ângulos (apesar de existirem outras). Assim sendo, as distâncias, os deslocamentos, as velocidades e as acelerações são angulares, e as unidades utilizadas são distintas, como mostra a imagem a seguir.

Figura 6.10 Representação do movimento de flexão/extensão de articulações

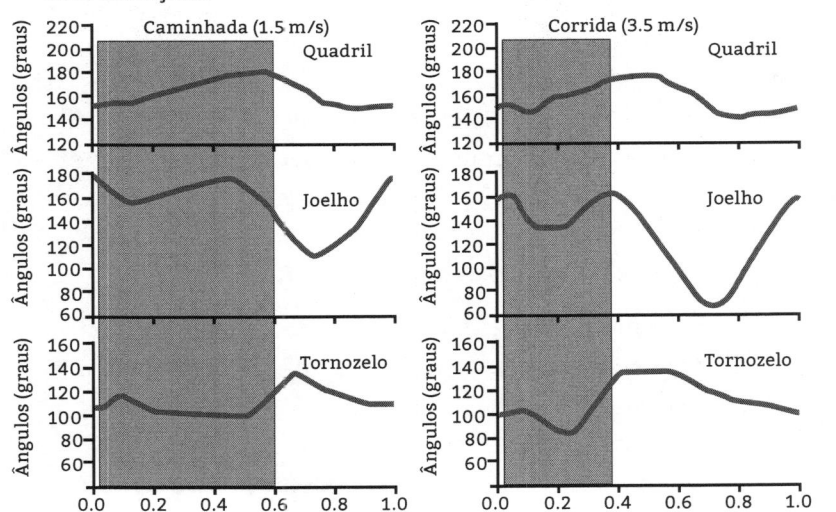

A imagem mostra a representação gráfica do movimento de flexão/extensão das articulações do quadril, joelho e tornozelo durante a caminhada e a corrida em terreno plano.

Desse modo, quando desejamos observar um movimento de forma completa, é importante estarmos atentos a aspectos lineares e angulares de tal fenômeno. Cada uma dessas informações compõe uma parte importante do objeto que estamos analisando, não sendo possível analisar o todo sem elas. Se irá conseguir tais valores por meio de um dispositivo simples ou se sistemas elaborados serão utilizados, cabe ao profissional de educação física decidir e escolher o mais viável a tais condições.

▪▪▪ Síntese

Com base nas informações discutidas neste capítulo, podemos concluir que a cinemetria (medir o movimento) é uma das técnicas de mensuração mais importantes e úteis da biomecânica, fornecendo informações a respeito de todo tipo de movimento realizado. Mesmo que os sistemas de análises automáticos tenham um custo elevado, é possível utilizar hoje aplicativos e *softwares* gratuitos, mais simples, mas que não deixam a desejar quanto à precisão da análise. Alguns dispositivos, como os acelerômetros, acabaram ficando muito populares e, por isso, seu custo reduziu drasticamente nos últimos anos, aumentando sua viabilidade de uso. Porém, para que a análise tenha sentido e utilidade, é necessário compreender um mínimo a respeito de movimentos lineares e angulares, para só assim conseguir compreender o fenômeno observado.

Também destacamos os seguintes tópicos:

- Qualquer tipo de análise de movimento exige um conhecimento profundo de bases anatômicas e cinesiológicas, planos e eixos de movimento, assim como uma boa noção de tempo e espaço.
- Os sistemas de análise de movimento podem ser fundamentados na captura de imagens em foto ou vídeo, na captura de referenciais do indivíduo (pontos) ou mesmo no registro das acelerações causadas nos segmentos corporais durante a atividade.
- Os sistemas de análise se diferenciam quanto à facilidade e ao custo de operação, não sendo possível determinar qual a "melhor" ou "pior" opção, apenas aquela que é mais ou menos adequada para responder à dúvida existente.
- Com base nas informações obtidas, independentemente do sistema de análise utilizado, é possível observar com grande clareza e objetividade o movimento realizado e,

desse modo, determinar as melhores estratégias de intervenção, seja para manutenção, seja para recuperação ou melhora do desempenho naquela determinada tarefa.

■ Atividades de autoavaliação

1. Observe os movimentos a seguir e assinale a opção que os descreve na ordem correta:

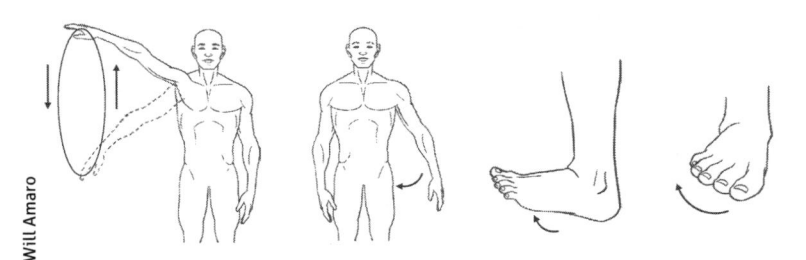

   a) Circundução, adução, dorsiflexão e eversão.
   b) Adução horizontal, abdução, flexão plantar e eversão.
   c) Abdução horizontal, adução, dorsiflexão, inversão.
   d) Circundução, adução, dorsiflexão e inversão.

2. Dentre os vários sistemas de análise de movimento existentes, os mais elaborados envolvem o registro em tempo real do sujeito durante a realização da tarefa. Esse sistema registra o movimento de uma forma bastante peculiar. Que forma é essa?

   a) Registro em imagem por vídeo em alta frequência.
   b) Gravação do movimento de marcadores que refletem luz infravermelha.
   c) Registro das acelerações das articulações por meio de dispositivos implantados no indivíduo.
   d) Gravação dos sinais mioelétricos musculares e sua associação com as acelerações dos segmentos corporais.

3. Um dos dispositivos mais baratos e úteis para a avaliação do movimento humano é o acelerômetro. Com seu baixo custo e sua grande simplicidade de operação, a acelerometria é capaz de fornecer, de forma rápida e barata, uma importante referência sobre o movimento que está sendo observado. Dentre as opções a seguir, assinale aquela que contém um tipo de informação que **não** pode ser fornecida por um acelerômetro:

   a) Magnitude do impacto durante a queda de um degrau da arquibancada.
   b) Frequência de passos durante uma corrida em esteira ergométrica.
   c) Força muscular produzida pelo músculo do quadríceps durante um salto vertical.
   d) Mudança na velocidade de flexão do cotovelo durante um arremesso.

4. Quando analisamos o movimento humano, percebemos que: 1) além de mudanças na posição dos segmentos e articulações, essas mudanças ocorrem em 2) diferentes intervalos de tempos, e que esses intervalos de tempo 3) podem também sofrer alterações. Esses três itens na verdade exemplificam as três informações básicas que devem ser observadas durante esse tipo de análise. Quais são elas, respectivamente?

   a) Aceleração, distância e deslocamento.
   b) Distância, aceleração e velocidade.
   c) Distância, deslocamento e velocidade.
   d) Deslocamento, velocidade e aceleração.

5. Quando desejamos avaliar a amplitude de deslocamento do movimento humano de forma estática, como na necessidade de verificar quanto uma articulação teve de restrição após uma lesão, qual entre os tipos de equipamento a seguir poderia ser utilizado?

a) Impedômetro.
b) Galvanômetro.
c) Dinamômetro.
d) Goniômetro.

Atividades de aprendizagem

Questões para reflexão

1. A análise cinemática de um movimento pode ser realizada por meio de dispositivos extremamente elaborados, como sistemas optoelétricos automáticos. Porém, analisar o movimento vai além dos recursos encontrados. Isso envolve o conhecimento do profissional e sua capacidade de observação. Cite, então, uma situação real em que você, profissional da educação física, poderia utilizar uma análise cinemática (sem necessariamente utilizar dispositivos ou equipamentos) para melhorar a prescrição de exercícios voltados à saúde ou à *performance* esportiva.

2. E se você estivesse trabalhando em um centro de treinamento de alto nível, com todos os recursos possíveis e imagináveis à sua disposição, você ainda continuaria utilizando a análise qualitativa (por simples observação)? Ou, nesse caso, se valeria apenas da análise quantitativa, utilizando sistemas complexos?

Atividade aplicada: prática

1. Para observar como dispositivos simples e baratos podem ser utilizados na análise do movimento, propomos aqui uma experiência. Baixe em seu celular um aplicativo de monitoramento de corrida (os aplicativos Endomondo, Strava ou Nike+ Run são altamente recomendáveis). Agora, ligue o aplicativo e realize uma atividade que dure entre 20 ou 30 minutos, a qual pode

envolver corrida contínua, caminhada ou uma combinação dos dois – o que é até mais interessante. Ao final, encerre o aplicativo e observe as informações que são fornecidas. Como o sistema de GPS e o acelerômetro embutido conseguiram tais informações? Você consegue explicar?

Considerações finais

O universo em que está inserido o profissional da educação física é amplo e desafiador. É necessária uma infinidade de conhecimentos, de diferentes disciplinas, para que o movimento humano possa ser compreendido. Nesse aspecto, a biomecânica se apresenta como uma ferramenta fundamental, tendo em vista sua característica multidisciplinar. Os conhecimentos básicos oriundos da matemática e da física, assim como aqueles desenvolvidos especificamente para a investigação do ser humano, completam-se e permitem um melhor entendimento dos objetos e dos fenômenos estudados.

Compreender a constituição dos tecidos, especialmente o muscular, e saber como ele se comporta durante movimentos voluntários, como reage a situações de estresse e como se desenvolve ou se recupera são conhecimentos fundamentais para qualquer profissional envolvido com a prescrição de exercícios. E isso se transfere para outras estruturas, como os tendões, os ligamentos, os ossos e as articulações.

É impensável, atualmente, imaginar um *personal trainer*, um preparador físico ou um técnico de qualquer modalidade esportiva sem o domínio claro e seguro de tais tipos de informações e conceitos. Apenas conhecer nomes de exercícios e tipos de treinamento não é mais suficiente para a formação de um profissional completo. É necessário haver mais qualidade em sua formação.

Conhecer ferramentas de análise e compreender como elas podem nos fornecer informações relevantes é fundamental. E isso não se relaciona somente ao fato de você trabalhar ou não em um laboratório de ciência esportiva; isso diz respeito a sua condição de conseguir ler e interpretar artigos, que utilizam em sua metodologia tais equipamentos e que podem oferecer informações importantes para a mudança de sua prática profissional.

Esta foi a proposta desse livro: ajudar na formação de um profissional completo, oferecendo informações de qualidade e com grande aplicabilidade profissional.

Referências

ADAMS, J. M.; CERNY, K. **Observational Gait Analysis**: a Visual Guide. Thorofare, NJ: Slack Incorporated, 2018.

ALENCAR, T. A. M. D.; MATIAS, K. F. de S. Princípios fisiológicos do aequecimento e alongamento muscular na atividade esportiva. **Revista Brasileira de Medicina de Esporte**, Niterói, v. 16, n. 3, maio/junho, 2010. Disponível em: <http://www.scielo.br/scielo.php?script=sci_art text&pid=S1517-86922010000300015>. Acesso em: 6 jun. 2018.

AMADIO, A. C.; SERRÃO, J. C. Contextualização da biomecânica para a investigação do movimento: fundamentos, métodos e aplicações para análise da técnica esportiva. **Revista Brasileira de Educação Física e Esporte**, São Paulo, v. 21, p. 61-85, dez. 2007. Disponível em: <http://www.revistas.usp.br/rbefe/article/view/16665/18378>. Acesso em: 11 maio 2018.

ANTUNES, L. et al. Effect of Cadence on Volume and Myoelectric Activity During Agonist-Antagonist Paired Sets (Supersets) in the Lower Body. **Sports Biomechanics**, n. 26, p. 1-10, Jan. 2018.

AQUINO, C. F. et al. A utilização da dinamometria isocinética nas ciências do esporte e reabilitação. **Revista Brasileira de Ciência e Movimento**, v. 15, n. 1, p. 93-100, 2007.

AQUINO, C. F.; VIANA, S. O.; FONSECA, S. T. Comportamento biomecânico e resposta dos tecidos biológicos ao estresse e à imobilização. **Fisioterapia em Movimento**, Curitiba, v. 18, n. 2, p. 35-43, abr./jun. 2005. Disponível em: <http://www2.pucpr.br/reol/public/7/archive/0007-00000540-COMPORTAMENTO%5B1%5D....PDF>. Acesso em: 26 maio 2018.

AUVINET, B. et al. Reference Data for Normal Subjects Obtained with an Accelerometric Device. **Gait & Posture**, v. 16, n. 2, p. 124-134, Oct. 2002.

BEHNKE, R. S. **Anatomia do movimento**. 3. ed. Porto Alegre: Artmed, 2014.

BERG, K. O. et al. Clinical and Laboratory Measures of Postural Balance in an Elderly Population. **Archives of Physical Medicine and Rehabilitation**, v. 73, p. 1073-1080, Nov. 1992. Disponível em: <http://www.archives-pmr.org/article/0003-9993(92)90174-U/pdf>. Acesso em: 11 maio 2018.

BOFF, S. R. A fibra muscular e fatores que interferem no seu fenótipo. **Acta Fisiátrica**, v. 15, n. 2, p. 111-116, 2008. Disponível em: <http://www.revistas.usp.br/actafisiatrica/article/view/102923/101226>. Acesso em: 26 maio 2018.

BRAUN, G. L. Kinesiology: from Aristotle to the Twentieth Century. **Research Quartely – American Association for Health, Physical Education and Recreation**, v. 12, n. 2, p. 163-173, 1941.

CAMPOS, M. de A. **Biomecânica da musculação**. 28 nov. 2014. Disponível em: <https://docslide.com.br/documents/biomecanica-da-musculacao-mauricio-de-arruda-campos.html>. Acesso em: 6 jun. 2018.

CARNEIRO, L. M.; CASTRO, F. A. de S. Cinemática da canoagem: revisão. **Revista Brasileira de Ciência e Movimento**, v. 17, n. 3, p. 114-122, 2009. Disponível em: <https://portalrevistas.ucb.br/index.php/RBCM/article/view/1034/1398>. Acesso em: 28 maio 2018.

CHAVES, C. P. G. et al. Déficit bilateral nos movimentos de flexão e extensão de perna e flexão do cotovelo. **Revista Brasileira de Medicina do Esporte**, Niterói, v. 10, n. 6, p. 505-508, 2004. Disponível em: <http://www.scielo.br/readcube/epdf.php?doi=10.1590/S1517-86922004000600007&pid=S1517-86922004000600007&pdf_path=rbme/v10n6/a07v10n6.pdf&lang=pt>. Acesso em: 26 maio 2018.

CLINICAL GAIT ANALYSIS. **History of the Study of Locomotion**: The Age of Enlightenment. Disponível em: <http://www.clinicalgaitanalysis.com/history/enlightenment.html>. Acesso em: 11 maio 2018.

CORVINO, R. B. et al. Taxa de desenvolvimento de força em diferentes velocidades de contrações musculares. **Revista Brasileira de Medicina do Esporte**, v. 15, n. 6, p. 428-433, nov./dez. 2009. Disponível em: <http://www.scielo.br/pdf/rbme/v15n6/a05v15n6.pdf>. Acesso em: 26 maio 2018.

DIAS, R. M. R. et al. Impacto de oito semanas de treinamento com pesos sobre a força muscular de homens e mulheres. **Revista Brasileira de Medicina do Esporte**, Niterói, v. 11, n. 4, jul./ago. 2005. Disponível em: <http://www.scielo.br/pdf/%0D/rbme/v11n4/26863.pdf>. Acesso em: 26 maio 2018.

DINIZ, J. S. et al. Propriedades mecânicas do tecido ósseo: uma revisão bibliográfica. ENCONTRO LATINO-AMERICANO DE INICIAÇÃO CIENTÍFICA, 9.; ENCONTRO LATINO-AMERICANO DE PÓS-GRADUAÇÃO – UNIVAP, 5., 2005, São José dos Campos. **Anais**... São José dos Campos: Univap, 2005. Disponível em: <http://biblioteca. univap.br/dados/INIC/cd/epg/epg4/epg4-13_a.pdf>. Acesso em: 11 maio 2018.

DURIGON, O. de F. S. Alongamento muscular parte II: a interação mecânica. **Revista de Fisioterapia da Universidade de São Paulo**, São Paulo, v. 2, n. 2, p. 72-78, ago./dez. 1995. Disponível em: <http://www.revistas.usp.br/fpusp/article/viewFile/75301/78811>. Acesso em: 26 maio 2018.

EHRL, C. (Ed.). **Potenciais de membrana e potenciais de ação**. Disponível em: <http://pt-br.aia1317.wikia.com/wiki/Potenciais_de_membrana_e_potenciais_de_a%C3%A7%C3%A3o>. Acesso em: 7 jun. 2018.

ENGLES, M. Tissue Response. In: DONATELLI, R. A.; WOODEN, M. J. **Orthopaedic Physical Therapy**. 3. ed. Philadelphia: Churchill Livingstone, 2001. p. 1-24.

ERVILHA, U. F.; DUARTE, M.; AMADIO, A. C. Estudo sobre procedimentos de normalização do sinal eletromiográfico durante o movimento humano. **Revista Brasileira de Fisioterapia**, v. 3, n. 1, p. 15-20, 1998. Disponível em: <https://www.researchgate.net/profile/Ulysses_Ervilha/publication/285666383_Estudo_sobre_procedimentos_de_normalizacao_do_sinal_eletromiografico_durante_o_movimento_humano/links/56794ea708ae6041cb49f3e7/Estudo-sobre-procedimentos-de-normalizacao-do-sinal-eletromiografico-durante-o-movimento-humano.pdf>. Acesso em: 11 maio 2018.

FOSS, M. L.; KETEYIAN, S. J. **Fox**: bases fisiológicas do exercício e do esporte. 6. ed. Rio de Janeiro: Guanabara Koogan, 2000.

GRANXIER, H. L.; LABEIT, S. The Giant Protein Titin: a Major Player in Myocardial Mechanics, Signaling, and Disease. **Circulation Research**, Feb. 20th 2004. Disponível em: <http://circres.ahajournals.org/content/94/3/284>. Acesso em: 6 jun. 2018.

GUYTON, A. C. **Fisiologia humana**. 6. ed. Rio de Janeiro: Guanabara Koogan, 2008.

HALL, S. **Biomecânica básica**. 7. ed. Rio de Janeiro: Guanabara Koogan, 2016.

HAMILL, J.; KNUTZEN, K. M. **Bases biomecânicas do movimento humano**. 4. ed. Barueri: Manole, 2016.

HARVEY, D. Assessment of the Flexibility of Elite Athletes Using the Modified Thomas Test. **British Journal Sports Medicine**, v. 32, n. 1, p. 68-70, 1998.

HESSEL, A. L.; LINDSTEDT, S. L.; NISHIKAWA, K. C. Physiological Mechanisms of Eccentric Contraction and its Applications: a Role for the Giant Titin Protein. **Frontiers in Physiology**, v. 8, n. 70, p. 1-14, Feb. 2017. Disponível em: <https://www.ncbi.nlm.nih.gov/pmc/articles/PMC5299520/>. Acesso em: 26 maio 2018.

HISTORY of Biomechanics and Kinesiology. 2005. Disponível em: <http://biomechanics.vtheatre.net/doc/history.html>. Acesso em: 11 maio 2018.

HUG, F.; HODGES, P. W.; TUCKER, K. Muscle Force Cannot be Directly Inferred from Muscle Activation: Illustrated by the Proposed Imbalance of Force between Vastus Medialis and Vastus Lateralis in People with Patellofemoral Pain. **Journal of Orthopaedic & Sports Physical Therapy**, v. 45, n. 5, p. 360-365, May 2015.

KONRAD, P. **The ABC of EMG**: a Practical Introduction to Kinesiological Electromyography – Version 1.4. Mar. 2006. Disponível em: <https://hermanwallace.com/download/The_ABC_of_EMG_by_Peter_Konrad.pdf>. Acesso em: 7 jun. 2018.

LA ABSURDA MEZCLA entre ignorancia y estafa de los suplementos de colágeno. **La Ciencia e sus Demonios**, 28 jun. 2016. Disponível em: <https://lacienciaysusdemonios.com/2016/06/28/la-absurda-mezcla-entre-ignorancia-y-estafa-de-los-suplementos-de-colageno/>. Acesso em: 6 jun. 2018.

LAWRENCE, L. H.; DE LUCA C. J. Myoelectric Signal versus Force Relationship in Different Human Muscles. **J. Appl. Physiol. Respir. Environ. Exerc. Physiol.** Boston, MA, v. 54, n. 6, p. 1653-1659, Jun.1983. Disponível em: <https://www.delsys.com/Attachments_pdf/nmrc/files/2010/04/022.pdf>. Acesso em: 7 jun. 2018.

LEMMER, J. T. et al. Age and Gender Responses to Strength Training and Detraining. **Medicine and Science in Sports and Exercise**, v. 32, n. 8, p. 1505-1512, Aug. 2000.

LOPES, V. P. et al. Caracterização da atividade física habitual em adolescentes de ambos os sexos através de acelerometria e pedometria. **Revista Paulista de Educação Física**, São Paulo, v. 17, n. 1, p. 51-63, jan./jun. 2003. Disponível em: <http://citrus.uspnet.usp.br/eef/uploads/arquivo/v17%20n1%20artigo5.pdf>. Acesso em: 28 maio 2018.

MAIOR, A. S.; ALVES, A. A contribuição dos fatores neurais em fases iniciais do treinamento de força muscular: uma revisão bibliográfica. **Motriz**, Rio Claro, v. 9, n. 3, p. 161-168, set./dez. 2003.

MAQUET, P. Borelli: De Motu Animalium – A First Treatise on Biomechanics. **Acta Orthopaedica Belgica**, v. 55, n. 4, p. 541-546, 1989.

MARCHETTI, P.; CALHEIROS, R.; CHARRO, M. **Biomecânica aplicada**: uma abordagem para o treinamento de força. São Paulo: Phorte, 2007.

MARCHETTI, P. H.; DUARTE, M. **Instrumentação em eletromiografia**. São Paulo: Universidade de São Paulo, 2006.

MCARDLE, W. D.; KATCH, F. I.; KATCH, V. L. **Fisiologia do exercício**: nutrição, energia e desempenho humano. 8. ed. Rio de Janeiro: Guanabara Koogan, 2016.

MCGINNIS, P. M. **Biomecânica do esporte e do exercício**. 3. ed. Porto Alegre: Artmed, 2015.

MCLESTER, J.; PIERRE, P. S. **Applied Biomechanics**: Concepts and Connections. Belmont: Thomson Wadsworth, 2008.

MEDICAL BIOCHEMISTRY. **Skeletal Muscle Contraction**. Feb. 24th 2018. Disponível em: <http://www.medbiochemistry.com/muscle-contracti on-of-skeletal-muscles/>. Acesso em: 6 jun. 2018.

MIRALLES, R. C. Spine Biomechanics. **Revista de la Sociedad Española del Dolor**, v. 8, p. 2-8, 2001.

MOTA, J. et al. Padrões de atividade física em idosos avaliados por acelerometria. **Revista Paulista de Educação Física**, São Paulo, v. 16, n. 2, p. 211-219, jul./dez. 2002. Disponível em: <https://www.revistas.usp.br/rpef/article/download/138743/134077>. Acesso em: 28 maio 2018.

NATIONAL MUSEUM OF AMERICAN HISTORY. **Freeze Frame**: Eadweard Muybridge's Photography of Motion. Disponível em: <http://americanhistory.si.edu/muybridge/htm/htm_sec1/sec1p3.htm>. Acesso em: 11 maio 2018.

NORDIN, M.; FRANKEL, V. H. **Biomecânica básica do sistema musculoesquelético**. 4. ed. Rio de Janeiro: Guanabara Koogan, 2013.

OCARINO, J. de M. et al. Eletromiografia: interpretação e aplicações nas ciências da reabilitação. **Fisioterapia Brasileira**, v. 6, n. 4, p. 305-310, jul./ago. 2005.

SCHNEIDER, P.; BENETTI, G.; MEYER, F. Força muscular de atletas de voleibol de 9 a 18 anos através da dinamometria computadorizada. **Revista Brasileira de Medicina do Esporte**, Niterói, v. 10, n. 2, p. 85-91, mar./abr. 2004. Disponível em: <http://www.scielo.br/scielo.php?script=sci_arttext&pid=S1517-86922004000200003&lng=en&nrm=iso&tlng=pt>. Acesso em: 28 maio 2018.

SILVA, C. C. da et al. O exercício físico potencializa ou compromete o crescimento longitudinal de crianças e adolescentes? Mito ou verdade? **Revista Brasileira de Medicina do Esporte**, Niterói, v. 10, n. 6, nov./dez. 2004. Disponível em: <http://www.scielo.br/pdf/%0D/rbme/v10n6/a09v10n6.pdf>. Acesso em: 28 maio 2018.

SILVA, D. A. S. et al. O antropometrista na busca de dados mais confiáveis. **Revista Brasileira de Cineantropometria e Desempenho Humano**, v. 13, n. 1, p. 82-85, 2011. Disponível em: <https://periodicos.ufsc.br/index.php/rbcdh/article/viewFile/14277/16392>. Acesso em: 26 maio 2018.

SOUZA, R. M. de. A resposta fisiológica da presença musical no treinamento resistido e aeróbico. In: ENUMO, S. R. F.; SILVA, A. M. B. da. (Org.). **O atleta e a música**: relações psicofisiológicas para o sucesso. Curitiba: Appris, 2016. p. 75-97.

SOUZA, R. M. de; KIRCHNER, B.; RODACKI, A. L. F. Efeito agudo do alongamento na marcha de idosas em terreno inclinado. **Fisioterapia em Movimento**, Curitiba, v. 28, n. 2, p. 383-394, abr./jun. 2015. Disponível em: <http://www.scielo.br/pdf/fm/v28n2/0103-5150-fm-28-2-0383.pdf>. Acesso em: 28 maio 2018.

SOUZA, R. M. de; RODACKI, A. L. F. Análise da marcha no plano inclinado e declinado de adultas e idosas com diferentes volumes de atividades semanais. **Revista Brasileira de Medicina do Esporte**, Niterói, v. 18, n. 4, p. 256-260, jul./ago. 2012. Disponível em: <http://www.scielo.br/pdf/rbme/v18n4/v18n4a08.pdf>. Acesso em: 28 maio 2018.

SVETLIZE, H. D. Dinamometria muscular isocinética. **Revista Medicina**, Buenos Aires, v. 51, n. 1, p. 45-52, 1991.

THACKER, S. B. et al. The Impact of Stretching on Sports Injury Risk: a Systematic Review of the Literature. **Medicine and Science in Sports and Exercise**, v. 36, n. 3, p. 371-378, Mar. 2004.

THOMPSON, J. F. **Exam 3 Review**: Chapter 09 – Sarcomere Composition. (Lecture 2010). Disponível em: <http://www.apsubiology.org/anatomy/2010/2010_Exam_Reviews/Exam_3_Review/CH_09_Sarcomere_Composition.htm>. Acesso em: 6 jun. 2018.

VIEIRA, T. de M. M.; OLIVEIRA, L. F. de. Equilíbrio postural de atletas remadores. **Revista Brasileira de Medicina do Esporte**, Niterói, v. 12, n. 3, p. 135-138, maio/jun. 2006. Disponível em: <http://www.scielo.br/pdf/rbme/v12n3/v12n3a05.pdf>. Acesso em: 28 maio 2018.

VILELA JÚNIOR, G. de B. **Aspectos históricos da biomecânica na educação física brasileira**. 94 f. Dissertação (Mestrado em Educação Física) – Universidade Estadual de Campinas, Campinas, 1996. Disponível em: <http://repositorio.unicamp.br/jspui/handle/REPOSIP/274814>. Acesso em: 11 maio 2018.

YOSHITOMI, S. K. et al. Respostas posturais à perturbação externa inesperada em judocas de diferentes níveis de habilidade. **Revista Brasileira de Medicina do Esporte**, Niterói, v. 12, n. 3, p. 159-163, maio/jun. 2006. Disponível em: <http://www.scielo.br/pdf/rbme/v12n3/v12n3a10.pdf>. Acesso em: 28 maio 2018.

ZATSIORSKY, V. M. (Ed.). **Biomecânica do esporte**: performance do desempenho e prevenção de lesão. Rio de Janeiro: Guanabara Koogan, 2004.

Bibliografia comentada

COMPLETO, A.; FONSECA, F. **Fundamentos de biomecânica**: músculo-esquelética e ortopédica. Porto, Portugal: Publindústria, 2011.

Ao contrário das outras obras aqui comentadas, que têm o enfoque apenas no esporte e no exercício, a obra de Completo e Fonseca contempla também a abordagem mais clínica que a biomecânica pode realizar. É o livro ideal para quem irá trabalhar com aspectos que envolvam, de algum modo, pessoas com necessidades especiais e a reabilitação – principalmente a parte pós-fisioterapia. O livro dá especial atenção aos aspectos relacionados à recuperação das estruturas ósseas, ligamentares e musculares, bem como descreve a forma como o estresse mecânico imposto pelo exercício deve ser controlado. Além disso, no fim do livro consta um capítulo com algumas propostas de exercícios práticos e teóricos para que o leitor possa aplicar os conhecimentos adquiridos.

HALL, S. J. **Biomecânica básica**. 7. ed. Rio de Janeiro: Guanabara Koogan, 2016.

O livro de biomecânica de Susan Hall talvez seja a melhor opção para quem está iniciando sua aventura no universo dessa área. Com linguagem simples e exemplos claros, a autora descreve características mecânicas dos diferentes tecidos corporais e, depois, associa tais conhecimentos a contextos práticos, como atividades físicas, exercícios e o esporte. Mesmo conceitos mais complexos, como movimento de projéteis, são abordados de maneira clara e direta, facilitando a compreensão do leitor. Trata-se de um livro fundamental a todos os profissionais da educação física.

MARCHETTI, P.; CALHEIROS, R.: CHARRO, M. **Biomecânica aplicada**: uma abordagem para o treinamento de força. São Paulo: Phorte Editora, 2007.

O livro de Marchetti, Calheiros e Charro é indicado para aqueles que pretendem trabalhar diretamente na sala de musculação. Com muitas ilustrações de qualidade e uma linguagem simples, o livro analisa vários exercícios que podem ser utilizados nesse ambiente. Apesar de o enfoque do livro se dar na cinesiologia, a abordagem sobre a biomecânica é muito útil. Para quem deseja associar os conceitos cinesiológicos e biomecânicos aos movimentos de musculação, essa é uma obra ideal.

MCGINNIS, P. M. **Biomecânica do esporte e do exercício**. 3. ed. Porto Alegre: Artmed, 2015.

O livro de biomecânica de McGinnis aborda essa área sobre a perspectiva não só do exercício, mas também das atividades esportivas. É um livro simples e direto, ideal para o aluno de Educação Física. O autor se preocupa em abordar diferentes contextos em uma grande variedade de esportes. Em algumas discussões, o assunto é aprofundado, mas em geral a leitura é simples e de fácil compreensão. O autor também se preocupa em apresentar aplicações práticas dos conceitos estudados e discutidos, o que torna muito mais fácil o entendimento por parte do leitor. Mesmo sendo um livro voltado ao esporte e ao exercício, em vários capítulos também é discutida a análise biomecânica de movimentos funcionais presentes em nosso dia a dia. Em geral, é uma obra bastante completa sobre o assunto.

ZATSIORSKY, V. M. **Biomecânica no esporte**: performance do desempenho e prevenção de lesão. Rio de Janeiro: Guanabara Koogan, 2004.

O livro de Vladimir Zatsiorsky é um dos melhores e mais completos livros de biomecânica aplicada ao esporte. Professor de Cinesiologia, o autor desenvolve raciocínios bastante interessantes e elaborados nessa obra, iniciando com a investigação sobre a locomoção humana. Logo depois, analisa saltos e lançamentos utilizados no esporte, investigando desde o movimento do atleta até o comportamento do objeto lançado. Ao final da obra, ele dá especial atenção à ocorrência e à prevenção de lesões e descreve pontos específicos de alguns esportes olímpicos. Não é uma obra de fácil leitura, mas apresenta uma qualidade de conteúdo bastante superior às outras encontradas no mercado.

Respostas

Capítulo 1

Atividades de autoavaliação

1. b
2. a
3. d
4. c
5. c

Questões para reflexão

1. Uma melhor compreensão anatômica pode nos oferecer condições de decidir qual seria o melhor exercício, o melhor movimento, a melhor técnica de execução da atividade para que os grupos musculares a serem trabalhados possam ser exercitados. A área do controle nos fornece condição de compreender como mudanças e variações na prescrição desses exercícios, como a fadiga, a idade e tantos outros aspectos, acabam influenciando a ativação elétrica muscular. A cinética permite observar a influência da execução de diferentes movimentos, por exemplo, na musculação, sobre os torques articulares, e, por consequência, no esforço necessário ao músculo. A cinemática, por sua vez, finalmente permite observar o padrão de movimento executado durante o exercício, realizar correções e ajustes que permitam uma técnica mais eficiente e segura.
2. Pensando em *performance* esportiva e utilizando a corrida de longa duração como exemplo, poderíamos utilizar a cinemetria para identificar um padrão mais eficiente de corrida, utilizando atletas de alto nível como parâmetro de comparação e verificando se o comportamento motor de meu atleta se assemelha a tal condição. Podemos utilizar técnicas

de eletromiografia para identificar quais são os grupos musculares mais importantes nessa atividade e criar, a partir daí, programas de treinamento com pesos que visam ao desenvolvimento justamente desses músculos ou grupos musculares, objetivando, sobretudo, a economia de corrida. Finalmente, podemos observar, a partir da dinamometria, as cargas e estresses mecânicos impostos sobre os tecidos, as assimetrias na produção da força muscular, os impactos sofridos durante a atividade, e, assim, decidir da forma mais eficiente possível estratégias de treinamento que minimizem tais condições.

Atividade aplicada: prática

1. Resposta pessoal

Capítulo 2

Atividades de autoavaliação

1. a
2. a
3. b
4. c
5. d

Questões para reflexão

1. A utilização de maiores amplitudes de movimento, especialmente um maior alongamento no final da fase excêntrica dos exercícios de musculação, gera um aumento da tensão muscular, um estímulo importante para a hipertrofia do tecido. Além disso, essa maior tensão causada por uma maior amplitude não exige a necessidade da utilização de maiores cargas, o que torna o exercício mais seguro, além de mais eficiente.
2. Os ganhos iniciais verificados em qualquer prática sistematizada de exercícios com pesos é produto, em sua maior parte, das adaptações neurais conseguidas com o exercício. Essas adaptações são mais velozes e acontecem em um menor intervalo de tempo. É como se o músculo ficasse cada vez mais eficiente para utilizar sua capacidade inerente de produzir trabalho. Entretanto, com o passar do tempo, e com todas as adaptações já conseguidas, a evolução na capacidade muscular de produzir força depende de adaptações morfológicas na estrutura muscular, e isso é mais demorado. Por esse motivo os ganhos perdem velocidade.

Atividade aplicada: prática

1. Resposta pessoal.

Capítulo 3

Atividades de autoavaliação

1. c
2. a
3. c
4. b
5. c

Questões para reflexão

1. Isso ocorre porque a massa do objeto gera um torque que tende a fazer com que o corpo todo queira inclinar-se à frente, produzindo um movimento de rotação. Quanto maior for a distância desse objeto em relação ao corpo, maior a alavanca e, por consequência, maior o torque. Para evitar tal movimento, aumentamos a contração dos músculos na parte posterior do tronco, gerando um torque muscular no sentido contrário. Isso explica o motivo pelo qual pessoas acabam gerando lesões nesse local, quando esse tipo de movimento é executado sem cuidado.

2. Para que os exercícios apresentem propiciar a manutenção da saúde óssea, é necessário que eles apresentem um mínimo nível de estresses compressivo e de impacto. Atividades simples, como corridas, caminhadas e musculação, podem oferecer tal tipo de força e contribuir para a manutenção de um esqueleto saudável.

Atividade aplicada: prática

1. Resposta pessoal.

Capítulo 4

Atividades de autoavaliação

1. a
2. a
3. c
4. d
5. a

Questões para reflexão

1. Sim, é possível. A partir de estudos eletromiográficos, é possível concluir que grande parte da força muscular é produto da capacidade que temos de ativar tais tecidos. Sendo assim, apesar de a massa muscular ser importante, o controle sobre ela também é – e essa capacidade pode ser treinada. Alguns exercícios podem ser desenvolvidos com o intuito de produzir tais efeitos e, normalmente, envolvem atividades realizadas com grandes pesos e velocidade. Isso produzirá adaptações neuromusculares que levarão ao aumento da força e potência com uma mínima alteração da massa corporal. Entretanto, devemos atentar ao fato de que, quanto maior o nível de treinamento do indivíduo, menor é a possibilidade de ganhos nesse sentido, já que as adaptações neurais nesse sujeito estão praticamente completas.
2. Sim, sem dúvida. A força e a potência muscular são capacidades funcionais essenciais para a manutenção da funcionalidade e de uma vida longa e saudável. Os princípios adotados são os mesmos da pergunta anterior, em que exercícios mais intensos e velozes levariam a adaptações positivas, a aumento da força e potência e, por consequência, da independência do indivíduo. É claro que isso não significa que idosos realizarão as mesmas atividades que atletas. Enquanto um atleta precisará agachar com 100 kg para desenvolver a força, o idoso pode conseguir isso apenas com o próprio peso corporal. Enquanto um atleta precisará de saltos e tiros de corrida para a potência, um idoso pode conseguir isso utilizando a subida de um lance de escadas. Mesmo que, no idoso, não se verifique aumento substancial de massa muscular, será sim observado um aumento da força, em razão das mesmas adaptações neurais verificadas no atleta.

Atividade aplicada: prática

1. Resposta pessoal.

Capítulo 5

Atividades de autoavaliação

1. c
2. d
3. d
4. a
5. c

Questões para reflexão

1. Os exercícios funcionais são excelentes estratégias para o desenvolvimento da aptidão física, especialmente a coordenação e o controle motor. A utilização de movimentos complexos e da instabilidade ajuda no desenvolvimento de todos os sistemas envolvidos no controle do equilíbrio, desde os aferentes (somatossensitivo, vestibular e visual) até os eferentes (sistema motor), passando pelo sistema nervoso central. Quanto maiores os desafios impostos pelas atividades, melhores são as adaptações conseguidas. Entretanto, é importante ressaltarmos que não são necessários exageros nem atividades de risco para que tais adaptações sejam conseguidas, e que muitos exercícios tratados como "tradicionais" (como o agachamento) podem gerar tais efeitos adaptativos.

2. Sim, sem dúvida. Existem muitos exercícios de musculação que exigem um alto nível de controle muscular para serem executados, especialmente se maiores cargas fossem adotadas. Em geral, exercícios que utilizam pesos livre, como barras e halteres, que movimentam as grandes articulações (ombros, coluna, quadris e joelhos) e que são executados com o mínimo de apoio seriam os escolhidos. Podemos listar, por exemplo: agachamento, passada, levantamento terra, *stiff*, supino com barra ou halteres, remada curvada, desenvolvimento em pé – e muitos outros exercícios.

Atividade aplicada: prática

1. Resposta pessoal.

Capítulo 6

Atividades de autoavaliação

1. a
2. b
3. c
4. d
5. d

Questões para reflexão

1. A simples observação da execução de um exercício de musculação pode ser objeto de uma análise cinemática. A posição dos membros, seu movimento, a velocidade e a cadência podem determinar a segurança e a eficiência do exercício. A mesma situação ocorre com a observação da técnica utilizada

em uma corrida. As oscilações laterais e verticais, a frequência dos passos, a velocidade de deslocamento, os movimentos dos membros superiores, entre outros aspectos, podem ser observados por profissionais experientes sem a necessidade de dispositivos específicos de análise.

2. As análises qualitativas e quantitativas são recursos diferentes que devem ser somados para um completo entendimento do fenômeno. Não existe uma melhor forma de avaliar, mas aquela que responde sua questão. Mesmo em atletas de alto nível, muitas vezes a experiência do técnico acaba sendo mais importante que os dados puros e simples. É claro que, se ambos os recursos forem combinados (qualitativo e quantitativo), mais precisa será a avaliação final.

Atividade aplicada: prática

1. Resposta pessoal.

Sobre o autor

Professor de Educação Física, com mestrado e doutorado na área da Biomecânica, **Ricardo Martins de Souza** atua há mais de 12 anos no ensino superior, ministrando as disciplinas de Biomecânica e Fisiologia do Exercício para cursos de graduação e pós-graduação em Educação Física, Fisioterapia e Nutrição. Fundador e coordenador do Centro de Pesquisa em Atividade Física, Exercício e Esporte (Cepafee) do Centro Universitário UniBrasil, tem especial interesse em pesquisas com foco no treinamento resistido e intervalado de alta intensidade. Professor de musculação por mais de 10 anos, já foi consultor de diversos atletas de nível internacional, principalmente de esportes de *endurance*. Hoje, além das atividades acadêmicas, é proprietário da Ricardo Souza – Consultoria e Treinamento, uma empresa especializada no desenvolvimento de metodologias de trabalho para academias de musculação. É também sócio-proprietário da Brief Effort Club, empresa nacional focada no desenvolvimento de metodologias de aula para grupos (ginásticas).

Impressão:
Junho/2018